Grammatica elementara del lungatg rhäto-romonsch: per diever dils scolars en classas superiuras dellas scolas ruralas romonschas

Joann Anton Bühler

Grammatica elementara

dil

Lungatg Rhäto-romonsch

per diever dils scolars en classas superiuras

dellas

Scolas Ruralas Romonschas,

scritta da

J. A. Bühler,
Actuar della Societat Rhäto-romonscha.

I. Part.

Cuera, 1864.
Squitschada en la stamparia e de haver en la libreria de
L. Hitz.

Ch'ina buna instrucziun en il lungatg m a t e r n sei per l'educaziun e cultivaziun della giuventetgna de grondissima importonza, concedan tut quels, ils quals seoccupeschan cun fatgs de scola e han experienza en caussas d'educaziun et instrucziun. Mo buca meinz units ein ils pedagogs en l'opiniun, che l'instrucziun linguistica sei il pli difficultus object d'instrucziun. L'experienza mussa depertut, e specialmein era en nossas scolas romonschas, ch'ils affons vegnen suenter la methoda nova gleiti, ch'els san scriver e legier; mo han els acquistau l'emprima habilitat en quels arts, sche ein els buca tgunsch de manar vinavon, — il progress vul buca vegnir a la glisch. Il motiv de quest phenomen ei d'encurir per part en l'inhabilitatat dil scolast, e per part en igl insufficient material de scola, il qual stat en disposiziun a nossas scolas romonschas. La confusiun, che regia en las scolas romonschas en l'instrucziun linguistica, ei aschia declarabla e per part era perstgiseivla. Buca de perdonar eis ei denton, ch'ins entscheiva gia en las classas inferiuras cun l'instrucziun en in lungatg ester. En bia logens vegnen ils affons en rassa mortificai cun in lungatg ester: mattatschaglia de 8—9 declineschan substantivs tudescs e conjugeschan etc. senza la minima entelgienscha de quei, ch'ins vul cun forza ad els versar en il tschurvi. Quella calamitat ei denton fitg naturala en nossas relaziuns. Il scolast romonsch stat avon sia scola cun mauns vids e sto savens instruir la giuventetgna en in lungatg, il qual el sez ha mai empriu, e forsa era mai giu occasiun d'emprender. Quella pretensiun ei buca tgunsch de refutar, sch'ins vul buca pretender, che la scola rurala sei sufficienta per la preparaziun dil scolast tier sia clomada; pertgei nua han noss scolasts romonschs giu occassiun d'emprender lur lungatg matern en quella extensiun, sco ei sto dad els vegnir garegiau? Noss publics instituts grischuns han gie tochen dacheu priu pign riguard sin ils basegns linguistics della populaziun romonscha

Denton han las scolas romonschas tonatont fatg atras en ils davos decennis ina perioda, nomnadamein la perioda dellas orthographias; mo aunc essen nus gnanc arrivai tier la compleina uniun dellas orthographias confessionalas! Nus concedin bugien, che las orthographias hagien provocau in progress en general, schegie ch'ellas han forsa en enqual cass special era noschiu al lungatg sez. Ver eis ei, che l'orthographia ei tochen dacheu stada en biaras scolas romonschas quasi il solet object linguistic. „Tgi ch'enconoscha l'orthographia", haveva ins l'opiniun, „quel ei ord igl ambarass". Ei gliei cert ver, ch'ina orthographia ei absolut necessaria, mo ei sa buca vegnir snegau, che l'enconoschienscha dellas formas grammaticalas ei a la fin aunc bia pli importonta. En quella materia ha denton aunc negin voliu intrar, ne buca giu la curascha d'intrar. Aschia havein nus Romonschs maltractau nos lungatg mintgin suenter siu plascher. Nus essen endisai, d'emprender igl emprim in lungatg ester, e de modular lu nos lungatg matern suenter quel. Dacheu deriva ei, ch'il lungatg romonsch ei per part lavagaus en sias formas. Ina part dils Romonschs sebetta en la bratscha digl italianismus e franzosismus, fertont che lautra part mixturescha siu bel lungatg cun plaids, formas e construcziuns tudescas. Sut tales circumstanzas eis ei temps, de semetter sin in' autra via, sch'ils Romonschs vullan buca perder lur lungatg e lur nazionalitat.

Ina emprova cun ina grammatica romonscha ei asshia franc justificada. Digl urgent basegns din tal codisch havein nus en nossa posiziun sco instructur dil lungatg romonsch en il seminari de scolasts giu sufficienta occasiun de sepersvader. Perquei havein nus finalmein pegliau la curascha, de lavurar ora e publicar la presenta ovretta per nossas scolas romonschas. Sur sia tendenza, siu contegn e siu diever volein nus aunc far entginas remarcas.

In dils pli gronds impediments per la cultivaziun dil lungatg romonsch ei cert la stinadadat, cun la quala mintga vallada, gie mintga vitg setegn vid siu dialect, sei quel buns ne corrupts. Contemplescha ins cun nonpartischontadat ils divers dialects, sche vezza ins, che negins de quels possedan ina sufficienta literatura, per saver dominar ils auters. Il dialect sursilvan ha bein ina quantitat codischs; mo quels han, tier quei ch'els varieschan pli ne meinz in de lauter, ignorau memia fitg ils auters dialects, e perquei ha quella literatura buca giu sin tuttas contradas romonschas la giavischeivla influenza, la quala ella havess denton cert acquistau, sch'ella havess giu priu pli riguard sin ils megliers elements dils auters dialects. De lautra vart ha ins beinduras cun gronda bregia emprovau de justificar formas e plaids din dialect, ch'ein totalmein faulsas, fertont che las medemas formas sesanflan puras en in dialect de contradas vischinontas. L'emprima obligaziun dil linguist romonsch ei cert il studi dils divers dialects romonschs. Dil reminent sto la cultivaziun dil lungatg romonsch basar sin il lungatg latin, il qual ei sia muma. Anfla ins pia en in dialect romonschs bunas expressiuns latinas, sche han quellas en scadin cass la preferenza avon ils plaids, che han semidau, ch'ins strusch enconoscha pli els. Va la cultivaziun dil lungatg romonsch sin quella via vinavon, sche vegn quel a sepurgar et a prosperar; mo ei tucca lu cert a mintga Romonsch, d'emprender siu lungatg matern, pertgei nus Romonschs essen schi pauc sco in' autra naziun dotai dil Scaffider cun il dun, de saver enzatgei senza emprender. — Voless ins emprender il lungatg mo per ils quatidians basegns dil tenercasa, lu dovrass ins cert neginas scolas; tont savess mintga bab mussar a siu figl, che quel savess far fatschentas era en ina contrada, nua ch'ei vegn plidau in auter dialect; pertgei schi gronda diversitat eis ei buca denter ils divers dialects romonschs, ch'ins capeschi buca in lauter. Mo volein nus Romonschs esser in pievel unit; volein nus far pretensiuns sin entgina civilisaziun et educaziun, sche stovein nus haver scolas e las scolas dovein vegnir drizadas en depertut sin il medem pei, che la nazionalitat sesvegli e seconservi. Perquei stovein nus haver la lungatg, silmeinz en noss codischs et en nossas scolas.

Persvadii della verdat de quella maxima, havein nus en la presenta grammatica riguardau formas e plaids de plirs dialects. La consequenza ei quella, che biars, ils quals tratgan, ch'els sappien il romonsch, han aunc d'emprender entginas formas e de sendisar vid quellas. Il medem ston tuttas autras naziuns schar complascher. Mintga German p. e. sto emprender siu lungatg matern en scola; el emprenda de legier e scriver, el emprenda d'entellir ils codischs etc.; mo en sia familia plaida el perquei tonatont il dialect, ch'el ha empriu dalla muma.

Nossa tendenza ei pia principalmein quella, d'unir tut ils buns elements de noss divers dialects romonschs tier in unic lungatg. Quei ei cert era il solet remiedi, che sa conservar il lungatg romonsch de sia totala perdiziun. La medema tendenza vegn era la „Societat Rhäto-romonscha" a persequitar, et ins po sperar, ch'ei vegni ad unidas forzas et alla patriotica premura de quella societat a reussir, de scaffir cun il temps ezatgei stabil e stateivel per la naziun romonscha.

Quei che concernescha il contegn de quest codisch, ha quel stoviu vegnir restrenschius sin il pli necessari, sinaquei ch'il prezi vegni buca memia aults. Savent ord experienza, cont fleivlas enconoschienschas ils scolars romonschs han della fitg simpla declinaziun romonscha, havein nus priu si quella materia en schi gronda extensiun, sco ei gliei stau posseivel. Aunc pli gronda necessitat eis ei stau, de prender si las conjugaziuns dil verb completamein, essent ch'il verb cun sias biaras formas ei il pli grond crap de scarpetsch. Nossas particularas ideas e maximas sur entgins puncts havein nus per part mess vitier en notas. Ils dus davos paragraphs sur l'applicaziun dils temps e dellas modas ein en scadin cass buca meinz necessaris. Nus concedin bugien, che las reglas, las qualas nus havein tschentau si en quels paragraphs, seien aunc buca completas e che quella materia sappi aunc occupar bein enqual philolog romonsch; denton cartein nus, ch'ellas scien ad interim sufficientas per ina scola rurala, sch'il scolast capescha de tractar ellas en sia scola sco ei sedemonda. Cont necessaria l'instrucziun en quella materia ei, sa ins tgunsch sepersvader, sch'ins prenda p. e. a mauns translaziuns romonschas, en las qualas ins anfla savens ina faulsa applicaziun dils temps e dellas modas. Nus savein era ord experienza, cont grev e vess ei va de concepir ina requintaziun en romonsch, sch'ins ha buca fatg clar avon, co ils temps e las modas ein de dovrar. In bien studi en quella materia ei era absolut necessaris per l'instrucziun en in lungatg ester.

Co il present codisch dovei vegnir dovraus en scola, vegn bein mintga scolast a capir senza in commentar; el vezza ord las repetidas remarcas, che l'instrucziun grammaticala dovei star en stretga connexiun cun il codisch de legier, pertgei la grammatica ei buca il solet factor della instrucziun en il lungatg. L'applicaziun della grammatica sin il contegn dil codisch de legier, il qual ei la fontauna dil material per l'instrucziun grammaticala, e l'instrucziun en la composiziun ein ils elements, en ils quals l'instrucziun linguistica ha de semover. Nus volessen mo aunc advertir il scolast, de buca prender atras memia bia en ina gada; lavura el atras cun ina classa ils dus curs de quest codisch en 2—3 unvierns, sch'ei el staus fitg diligents e ha prestau tut quei, che sa giestamein vegnir pretendiu dad el.

La seconda part de quest codisch, la quala vegn en dus auters curs a compegliar la sintax, las interpunczíuns etc., vegn a comparer, aschi gleiti sco il temps e las circumstanzas lubeschan.

Buns cussegls et instructivas remarcas, tont per ina seconda ediziun della presenta part, sco era per la continuaziun della seconda part, retschevein nus de tut temps cun engraziament; mo ils criticasters de natira fagiein nus attents sin il vegl e ver proverbi, il qual seclomma:

„Quei ei la vera critica,
Cur ch'ins per quei, ch'ins slauda,
Sa metter quei, che sauda."

Cuera, ils 17 de November 1863.

J. A. Bühler.

Errurs de stampa.

Pagina.	Linia.	legia	enstagl
2	1	d'animals	d a'nimals.
'18	26	adjectivica	adjectiva.
19	12	ei	e
23	21	qualas	quelas.
24	17	smarschanèr	smarachanèr.
24	29	exprimius	exprim us.
42	37	exercizi	exercezi.
43	12	lur	ur
45	20	appellativa	appelativa.
58	35	terratsch	teratscb.
69	13	persequitadas	pesequitadas.
74	30	castigia	cartigia.
77	13	absolviu	absalviu.
93	20	bun	bien.

I. Curs.
Las specias de plaids.

I. Secziun.

Ils plaids substantivics et ils pronoms.

§ 1. Il substantiv.

In substantiv ei il nom dina caussa substanziala (reala), ne dina caussa, la quala sa vegnir imaginada per substanziala. Ils substantivs dell'emprima specia nomna ins substantivs concrets, ils auters abstracts.

Substantivs concrets ein:

1) Ils noms de carstgauns, de persunas: il bab, la sora, il pur, il fravi, il scolast etc.
2) Ils noms d'animals: il bov, la vacca, il tscherv, la merlotscha, il verm, la formicla, la balena etc.
3) Ils noms de plontas, de carschienschas: il pomèr, il sterp, il pasc, l'erva, il mescal etc.
4) Ils noms de caussas fatgas, ne fabricadas, ne artificialas: il cuntu, il paun, la nav, il codisch, il carr etc.
5) Ils noms dellas parts della terra: il culm, igl uaul, il prau, il lac etc.
6) Ils noms de materias: il fier, igl aur, l'aua, il vin, igl ieli etc.

7) **Ils noms dellas parts de carstgauns, d'animals, de carschienschas e de caussas artificialas:** il tgau, il maun, il pic, l'ala, il rom, il fegl, la scorsa, igl esch, il moni, la roda, la cuverta, l'asta etc.

8) **Ils noms generals dil genus e della specia:** il bagetg, igl utensil, il pomèr, il sterp, la flur, igl animal, igl utschi, il pesc, la bevronda (bubronda), in carstgaun, ina creatira, ina carschienscha, in mineral, in metall, in mistregnèr, in artist, in official etc. Biars de quels noms ston en il lungatg romonsch vegnir exprimii cun dus plaids, sco p. e.: **in utschi de campagna, in animal de rapina, in animal scarpont, in utschi emigrant, in object de scola** etc.

9) **Ils noms collectivs:** il pievel, igl uaul, la cavalleria, l'armada, la roscha etc.

10) **Ils noms dils vents (suffels), dellas stagiuns, dils meins, dis, temps et elements:** il favogn, la primavera, igl October, il Mardis, la damaun, il fiuc, l'aria etc.

11) **Ils noms propris dils carstgauns, dils flums (fluss) e culms, dellas terras, dils marcaus e vitgs:** Gion, Paul, Tell, Fontana; il Rhein, il Glogn, la Rabiusa, il Mundaun, il Badus; la Fronscha, la Svizzera, la Germania; Glion, Cuera, Flem, Thusaun, Celerina, Mustér etc.

Pensums. *)

1. **Pensum.** Scrivi si 10 noms de persunas et applichei els en construcziuns!

---

*) Quels pensums ston igl emprim vegnir prii atras a bucca cun agit dil scolast. La forma dellas construcziuns ei libra, era`sa ei vegnir fatg pliras construcziuns cun il medem substantiv; p. e sur igl 1 pensum: bab- il bab ei il cau de familia; il bab mantegn cun sia lavur sia familia; el educhescha ils affons etc. Il scolast sa modificar quels pensums suenter ils basegns de ses scolars, mo era extender els, en cass che ses scolars fussen buca vegnii preparai sufficientamein en questa materia en las classas infe-

2. Pensum. Scrivi si 20 noms d'animals de divers genus, et indichei en construcziuns la specia de quels!

3. Pensum. Scrivi si 20 noms de carschienschas u plontas e fagiei construcziuns cun quels!

4. Pensum. Scrivi si 20 noms de caussas fatgas u artificialas et indichei lu en construcziuns, tgei parts ch'ellas han, ord tgei ellas ein fatgas e de tgi ellas vegnen fatgas!

5. Pensum. Scrivi si ils noms de plirs minerals e metalls, fagiei construcziuns sur quels et indichei en quellas, nua quels minerals ne metalls vegnen anflai, tier tgei ch'els serveschan, quals mistregnèrs seoccupeschan cun la fabricaziun de quels!

6. Pensum Tgei parts principalas ha in pomèr? in sterp (caglia)? ina erva? in rom? ina flur? in pom?

7. Pensum. Tgei parts ha in tgaun? in gat? in utschi? in pesc? in aviul? il tgau dina vacca?

8. Pensum. Tgei fritgs creschan en nossa terra?

9. Pensum. Scrivi si ord la geographia dil cantun Grischun ils noms de 10 culms, de plirs flums e d'entginas vischnauncas vischinontas, et indichei da vos liuc enora, nua che ils culms, ils flums e las vischnauncas schaian!

10. Pensum. Scrivi si ils noms de plirs culms dils cantuns Valeis e Bern, ils noms dils principals flums della Svizzera, ils noms dils cantuns della Confederaziun, ils noms dils principals lacs!

11. Pensum. Encuri si en vossa lectura ded oz tuts substantivs concrets e classifichei quels! (Quest pensum vegn repetius tier mintga lectura, duront ch'ins seoccupescha cun l'enconoschienscha e la classificaziun dils substantivs).

12. Pensum. Classifichei ils suondonts substantivs e fagiei lu era construcziuns cun quels!

a) Il vinars, il viss (uiss), la via, igl unviern, il Crispalt, la fenestra, la guila, Laax, l'aura-sut, il segel, il pupi,

---

riuras, il qual podess forsa frontar buca de rar. La materia vegn prida ord las realias, principalmein ord la lectura dil codisch de legier Tier quella classificaziun dils substantivs sei ins sin quei scalem mo buca memia exacts e scrupulus.

l pei, l'infanteria, il vaschi, la meisa, l'Albula, il Languard, la stadera etc.

b) Il molin, il crest, la ragisch, il fisi (la buis), il mél (meil), la rosa, il serrèr, la carn, il lenziel, il dumiec, igl argient, l'aria, il codisch, il sal, l'ura, il carr etc.

c) Il prau, la tabla, la baselgia, l'alp, il fier, il carabiner, il latg, l'arma, la cazetta, la scala, il plum, l'avena (aveina), l'ungla, la senda etc.

P. e. Vinars ei il nom dina materia; el ei era ina bevronda etc. La baselgia ei in bagetg; ella ei ina caussa artificiala etc. Il prau ei ina part della terra etc.

Substantivs abstracts ein:

1) **Ils noms qualitativs** - ils noms de bunas e schliatas qualitats, de vertits e vizis -; la fideivladat, l'engrazieivladat, la misericordia, la tempronza, la curascha, la verdat, la compassiun; la ranveria, la scuvidonza, la faulsadat, la dissimulaziun; la giuventetgna, la vegliadetgna, la diligenza, la perseveronza, la fermezia, la marschadetgna, la vertit, l'activitat, la humilitonza, la superbia (loschezia) etc.

2) **Ils noms per disposiziuns**: la contentienscha, la sanâdat, la libertat, la sabienscha, la malsogna, l'ignoranza, la fleivlezia (debolezza), la tristezia, la legria, la ricla, la gritta, la fidonza, la ventira, la fortuna, la grazia, la disgrazia, la dolur, la vigilonza, il ruaus, l'angoscha, la speronza, la carezia, la cardienscha etc.

3) **Ils noms per acziuns**: la cursa, il clom, il homicid, igl engoladetsch, la canera, il combatt, il sien, la ramur, la splendur, il segl (sigl), la frida, l'almosna etc.

Ils biars substantivs abstracts derivan d'adjectivs, sco p. e. la calira - de cauld, la grondezia - de grond, la buntat - de bien, la spertadat - de spert, la bellezia - de bi etc.

Tier ils substantivs abstracts quinta ins era ils substantivs derivai de verbs et ils verbs sezs, cura ch'els vegnen dovrai per substantivs; p. e. l'emblidonza - d'emblidar, il suspir - de suspirar, la contribuziun - de contribuir, il sustenement - de sustener, il spindrament-de spindrar, il sunem - de sunar, il cantem - de canar etc. Il sgolar, il flurir, igl emprender etc.

Pensums. *)

13. Pensum. Scrivi si 20 substantivs abstracts, et applichei quels en construcziuns!

14. Pensum. Qualas bunas qualitats ne vertits ha in bien carstgaun?

15. Pensum. Tgei schliatas qualitats ne vizis posseda in schliet carstgaun?

16. Pensum. Encuri si en la lectura ded oz tut ils substantivs abstracts! (Quei pensum serepetta tier mintga lectura, tochen ch'ils scolars han acquistau la necessaria frachezza en la distincziun de quels substantivs).

Il genus (la schlateina) dils substantivs.

Ils substantivs romonschs ein de dus genus, masculins ne feminins. Il genus dils individuums - dellas creatiras viventas - corresponda gieneralmein alla naturala schlateina de quels; mo il genus dils auters substantivs, principalmein de quels de mo ina silba, seadattescha a negina fixa regla.

Denton enconoscha ins il genus dina gronda part dils substantivs de duas ne pliras silbas vid lur finiziun.

Masculins ein p. e. ils substantivs, che fineschan

1) sin „i"; p. e. il marti, il vaschi, il cunti, il vadi etc.
2) sin „er" et „èr"; p. e. il venter, il coller, il rosèr, il tschalèr etc.
3) sin „el" et „egl", „al" et „agl"; p. e. il badel, il fumegl, il canal, il battagl etc. Quels plaids han adina igl accent sin la davosa silba.
4) sin **un**; p. e. il scarun, il patrun, il pivun etc.
5) sin **at**; p. e. igl avat, il potentat, il prelat, il pirat etc.
6) sin **us** et **ist**; p. e. il musicus, igl artist, il organist etc.
7) sin **ment** et **ent**; p. e. il tschentament, il president etc.
8) sin **et** et **atsch**; p. e. il carret, il matatsch etc.
9) sin **etg**; p. e. il maletg, il bagetg etc.
10) sin **ar** et **an**; p. e. il compar, il husar, il castellan etc.

*) Ina exacta classificaziun dils substantivs abstracts sa ins buca pretender dils scolars de quest scalem, ei gliei denton sufficient, sch'els san distinguer ils substantivs abstracts dals concrets.

Feminins ein tuts substantivs, che fineschan sin a.

Las ordinarias finiziuns dils substantivs feminins ein: tat, dat, iun (ziun). onza, ia, ienscha, detgna, tetgna, za (enza). Ils plirs substantivs cun quellas finiziuns ein substantivs abstracts.

Ils substantivs cun las finiziuns ur, in et isch ein beinduras masculins, e beinduras feminins; p. e. la sgarschur, la splèndur, l'errur; il cantadur, il pastur, il sittur; il molin, il curtin; la salin; il pollisch, il calisch, il salisch; la ragisch, la valisch etc.

Ord substantivs masculins sa ei beinduras vegnir fatg substantivs feminins cun metter vid quels las finiziuns a et essa; p. e. il cantadur, la cantadura; il pastur, la pastura; il mat, la matta; il molinèr, la molinèra; il patrun, la patruna; il giuven, la giuvna; il princi, la princessa; il duca, la duchessa; il baron, la baronessa etc.

Pensums.

17. Pensum. Encuri si 10 substantivs masculins, che fineschan sin l, e fagiei construcziuns cun quels!

18. Pensum. Encuri si substantivs masculins, 5 cun la finiziun èr, 5 sin etg, et applichei quels en construcziuns!

19. Pensum. Encuri si 15 substantivs masculins, ils quals selaian midar en substantivs feminins cun metter vitier la finiziun a!

20. Pensum. Scrivi si 8 substantivs masculins, ils quals san vegnir midai en feminins cun metter vitier la finiziun essa!

Reglas sur il diever dils bustabs gronds tier ils substantivs.

Cun bustabs gronds dovei ins scriver

1) tuts noms propris senza excepziun, sco: Gion, Maria, Fontana; Germania, Fronscha, Grischun; Asia, Europa; Mundaun, Languard; Rhein, Glogn, Albula; Cuera, Tumein, Tavau, Villa etc.; era ils noms de contradas, locals e possessiuns sin il territori dina vischnaunca, sco p. e.: en Quadras, si Crapner, en Gondas, Vignadur, Blengias etc.

2) Tut ils noms appellativs de Dieus, sco: Segner, Bab, Creatur, Scaffider, Conservatur, Figl, Salvader,

Spindrader, Redemtur, Liberatur; era ils attributs: igl Omnipotent, igl Etern, il Suprem etc.
Mo stattan quels attributs tier in substantiv, ne sco opposiziun, sche vegnen els scrits cun bustabs pigns; p. e. igl omnipotent Dieus; Dieus, il figl, ha nus spindrau etc.

3) Ils noms dils Idols; p. e. Minerva, Neptun, Appollo, Jupiter, Ceres etc.

4) Ils noms dils meins e dils dis della jamna (emda); p. e. igl Avust, il September; il Mardis, la Domengia etc.

5) Ils noms de festas e temps ecclesiastics; sco: Natal (Nadal), Pascas (Pastgas), la Cureisma, igl Advent etc.

6) Ils noms dellas naziuns, sco: il German (Tudesc, Tudestg), il Franzos, il Russ, igl Austriac, il Romonsch; mo sco lungatg vegnen quels noms scrits cun bustabs pigns; emprender il franzos, il latin *) etc.

§ 2. Igl adjectiv.

Entras igl adjectiv vegn ei exprimiu ina proprietat u qualitat dina persuna ne caussa. Ils adjectivs ein pia noms, cun ils quals ins attribuescha las proprietats e qualitats dellas persunas e caussas. Las proprietats e qualitats, che ein taccadas vid ils objects, observein nus cun ils senns externs e cun il senn intern.

Proprietats e qualitats, che nus observein cun ils senns externs, ein:

1) Cun la vezida: alv, ner, blau, grisch; rodund, cantunus, lung (liung), lad etc.

2) Cun il sentiment: gliesch, fin, cauld, freid, grev, dir etc.

3) Cun il gust: dulch, asch, amar (pitter) etc.

4) Cun il fried: emperneivel, aromatic etc.

---

*) Ei gliei buc endretg de dir: „la latin, la romonsch" etc. Quels plaids ein adjectivs e serefereschan sin il plaid „lungatg"; lai ins naven il substantiv e scriva ins enstagl „emprender il lungatg latin", mo emprender il latin; sche stat avon il plaid latin igl artichel „il", essent ch'il substantiv, sin il qual igl adjectiv serefereschа, ei era masculins.

5) Cun l'udida: discus, de bass, ded ault etc.

Las proprietats e qualitats san era vegnir classificadas suenter las caussas, allas qualas ellas vegnen attribuidas. Lura distingua ins

1) Qualitats, che vegnen attribuidas a caussas, sco: vegl, nov (niev); entir; dovreivel, nondovreivel; util (nezeivel), inutil, noscheivel; commodeivel, malcommodeivel; bi, macort (matschiert); grond, pign; prezius etc.

2) Qualitats, che vegnen attribuidas a plontas e carschienschas, sco: giuven, vegl; ferm, fleivel; emperneivel, malemperneivel; nutritiv, gustus nongustus etc.

3) Qualitats, che vegnen attribuidas ad animals, sco: giuven, vegl; ferm, fleivel; util, noscheivel; bi, macort; marsch, activ; stupid, malezius; curtaseivel, murmignus; selvadi, domesti etc.

4) Qualitats, che vegnen attribuidas als carstgauns; quellas ein,

   a) corporalas: giuven, vegl; saun, malsaun; ferm fleivel; spert, plaun; viv, lass etc.

   b) spirtalas: curtaseivel, amicabel, pacific, hostil, (nonpacific); carin, odius; migieivel, irteivel; pazient, impazient (malpazient); fideivel, malfideivel; sincer, fauls; misericordeivel, nonmisericordeivel, crudeivel etc.

Genus digl adjectiv.

Fertont ch'in et il medem substantiv ha mo in genus, il masculin ne feminin, sa in et il medem adjectiv haver omisdus genus, tenor sco el appertegn ad in substantiv masculin u feminin. En la construcziun: „il bun vin ei cars", ein ils adjectivs „bun e cars" masculins, mo en la construcziun: „la buna aua ei en bia logens cara", ein ils medens adjectivs, „buna e cara", femnins, essent ch'els audan tier in substantiv feminin.

Pensums.

21. P e n s u m. Scrivi si 30 qualitats. las qualas ins observa cun la vezida, et applichei ils adjectivs en construcziuns!

22. P e n s u m Tgei qualitats e proprietats ha Dieus?

23. P e n s u m. Tgei qualitats e proprietats ha in bun carstgaun? In schliet carstgaun?

24. P e n s u m. Tgei qualitats e proprietats ha in bun affon? In bun scolar? In malprudent affon? In schliet scolar?

25. P e n s u m. Tgei qualitats e proprietats sa ins attribuir ad ina vacca? Ad in ors? Ad ina lieur? Ad in tgaun?

26. P e n s u m Tgei qualitats e proprietats san vegnir scrittas tier ad ina casa? Ad in culm? Ad in flum? Alla campagna? etc.

27. P e n s u m. Fagiei 20 construcziuns, en las qualas ei stat avon ne immediat suenter mintga substantiv in adjectiv!

28. P e n s u m. Encuri si en la lectura ded oz tuts adjectivs, che ein d'anflar en quella! (Quest pensum sto vegnir repetius pliras gadas).

Entginas remarcas sur la derivonza d'adjectivs.

Biars adjectivs vegnen derivai da substantivs romonschs ne latins, da verbs et auters adjectivs cun metter vitier a quels p. ex. las finiziuns

1) **an**; il mund - mundan etc.
2) **in (itim)**; la mar - marin (maritim), car - carin etc.
3) **und**; la roda - rodund, morir - moribund etc.
4) **eivel**; il cussegl - cusseglieivel, ludar - ludeivel, leger - legreivel etc.
5) **al (ial)**; il figl (filius) - filial; il cor (cordis) - cordial, brut - brutal etc.
6) **ern (n)**; il bab (pater) - patern; la muma (mater) - matern; il frar (frater) - fratern etc.
7) **us (ius)**; il spirt - spirtus; la curva - curvus; la barba - barbus; il venter - ventrus; la grazia - grazius; la furia - furius; grond - grondius etc.
8) **bel (abel)**; amitg - amicabel; palpar - palpabel; practicar - practicabel.
9) **ster (èster), en**; terra - terrester - terren etc.

10) ent; prus - prudent; tgierp (corp, corpus) - corpulent etc.

11) iv; tard - tardiv; temps - tempriv; act - activ etc.

Aschia aunc plirs. Era las formas participialas dils verbs sin ent-enta, ont-onta, au-ada, iu-ida vegnen dovradas per adjectivs, sco p. ex.: Ils carstgauns cartents; il tgaun vigilont; la tussegada serp; il cunti molau; il fil storschiu; l'atscha urdida etc.

Ils adjectivs sco substantivs.

Ils adjectivs vegnen savens dovrai per substantivs; quei ei principalmein cheu il cass, nua ch'ils substantivs „um, femna, carstgaun", che udessen leutier, vegnen schai naven. P. ex. il perdert, il sabi, il content, la malsauna-era ils adjectivs dellas formas participialas dils verbs - il studiau, l'accusada etc. pertgei cheu udess ei aunc mintga gada vitier in substantiv, sco: igl um perdert; il sabi carstgaun, la femna malsauna; igl um studiau; il content carstgaun etc.

Igl adjectiv en la construcziun.

Igl adjectiv vegn dovraus en ina construcziun sco attribut, ne sco predicat. En igl emprim cass, sco attribut, stat el u immediat avon, ne immediat suenter il substantiv, tier il qual el auda; en il second cass, sco predicat, vegn el ligiaus cun il substantiv tras ils verbs auxiliars „esser" e „vegnir"; p. ex. la flur cotschna, la buna muma; la flur ei cotschna, il prau ei verds.

Igl adjectiv attributiv vegn pia scrits u avon, ne immediat suenter siu substantiv. Immediat suenter il substantiv scriva ins

1) ils adjectivs, ch'indicheschan ina colur; p. e. flur melna, tschereschas neras, poma verda, il tschiel blau etc.

2) Ils adjectiv, ch'indicheschan mendas corporalas; p. e. in malatsch surd, ina femna zoppa; ina giuvna tschocca (orva), in carstgaun met etc.

3) Ils adjectivs, ch'indicheschan las naziuns; p. e. il lungatg romonsch-italian-franzos; in miedi inglès; in bastiment franzos; la regenza grischuna etc.

4) Ils adjectivs, ch'indicheschan ina naturala, ne ina casuala qualitat; p. e. paun cauld, carn fresca (frestga), ina capella nova, poma madira, aua dira etc.
5) Ils particips, che vegnen dovrai per adjectivs; p. e. aua buglienta, paun barsau, il cunti molau, l'aria moventa, danèrs sfarlatai, piaun culau, poma curdada, creatiras viventas etc.
6) Ils adjectivs, che ins vul accentar; p. e. in um perdert, ina femna prudenta, in fumegl activ etc.

Ha il substantiv igl accent, sche stat igl adjectiv avon lez; p. e. in perdert giuven (buc ina giuvna); in servetscheivel um (buc in vischin etc.). Tgei differenza eis ei denter: „in giuven perdert, et in perdert giuven? Denter: „in giest derschader, et in derschader giest?

Pensums.

29. Pensum. Emprovei de derivar giu adjectivs dils substantivs, che ein vegnii avon en la lectura ded oz! (De repeter savens).

30. Pensum. Encuri si en il codisch de legier plirs adjectivs, ch'eın vegnii dovrai per substantivs!

31. Pensum. Fagiei 10 construcziuns, en las qualas ei vegn avon adjectivs attributivs, 5 nua ch'igl adjectiv sto star avon, e 5 nua ch'igl adjectiv sto star suenter il substantiv!

§ 3. Il verb.

Ils plaids, cun ils quals ins exprima quei, ch'ina persuna ne caussa fa, nomna ins verbs. Il verb ei pia il nom dina activitat. Las activitats observein nus, giest sco ils objects (persunas e caussas), las qualitats e proprietats, cun ils senns. Noms d'activitats, che nus observein

1) tier ils carstgauns, ein p. e. legier, scriver, plidar, quintar, maghar, cantar, dormir, rir, luvrar, saltar etc.
2) tier ils animals: siglir, sgolar, morder, senodar, cuvar, seruschnar, currer, pugnar, pascular, schèr etc.

3) tier plontas e carschienschas: pruir, crescher, flurir, madirar, seccar etc.

4) en la natira: plover, tunar, camegiar, tempestar, néver etc.

Pensums.

32. Pensum. Tgei activitats observa ins tier in pomèr? Tier in tgaun? Tier ina merlotscha? etc.

33. Pensum. Qualas ein las activitats din diligent scolar en scola? din lass scolar? etc.

34. Pensum. Encuri si tut ils verbs en vossa lectura ded oz! (De repeter savens).

Entginas remarcas sur la derivonza de verbs. *)

Ils verbs ein la pli part plaids de tschep, de ragisch. Denton vegnen biars verbs derivai giu d'auters verbs cun tschentar avon quels presilbas (il pli preposiziuns latinas); mo cun quellas presilbas survegnen els in' autra significaziun. Era d'adjectivs e substantivs san verbs vegnir derivai, dils davos cun metter vid il substantiv ina finiziun verbiala (de verbs).

De quellas presilbas ein p. ex.

1) **dis**, era mo **s**; p. e. far - disfar, figurar - disfigurar, metter - dismetter, honorar - dishonorar etc.

2) **de**; p. e. fender - defender, finir - definir, liberar - deliberar, portar - deportar, mussar - demussar etc.

3) **con**; p. e. tractar - contractar, ceder - conceder, frontar - confrontar, doler - condoler, sentir - consentir etc.

4) **ad**; p. e. metter - admetter, mirar - admirar, ministrar - administrar etc.

5) **e, ex**; p. e. legier - elegier, trer - extrer, sequir - exsequir, clomar - exclomar etc.

---

*) In pli extendiu sclariment sur quella materia anfla il scolast en il IX. capitel dell' orthographia de sigr. P. Decan Carigiet. Sche gie che nus essen buca en tuts graus d'accord cun il sigr. auctur, principalmein a riguard sia liberalitat en las assimilaziuns, sche recommondein nus tonaton zun fitg al scolast, d'encurir leu ulteriur sclariment, per motiv che quella materia sa cheu buca vegnir tractada en schi gronda extensiun, sco era per motiv che quella survarga la forza spirtala dils scolars, per ils quals quest curs ei destinaus.

6) **in, im, en, em**; p. e. scriver - inscriver, spirar - inspirar, prender - emprender, vocar - invocar etc.

7) **inter**; p. e. prender - interprender, romper - interrompper, rogar - interrogar, vegnir - intervegnir, ceder - interceder etc.

8) **pre**; p. e. ceder - preceder, destinar - predestinar, numerar - prenumerar, judicar - prejudicar (giudicar - pregiudicar) etc.

9) **pro**; p. e. mover - promover, ceder - proceder, testar - protestar, rogar - prorogar, vocar - provocar etc.

10) **re**; p. e. sunar - resunar, batter - rebatter, crear - recrear, metter - remetter, marcar - remarcar etc.

11) **sub**; p. e. ordinar - subordinar, levar - sublevar, scriver - subscriver, ministrar - subministrar etc.

12) **sur**; p. e. cargar - surcargar, manar - surmanar, ventscher - surventscher, dar - surdar, montar - surmontar, ir - surir etc.

13) **trans**; p. e. portar - transportar, formar - transformar, figurar - transfigurar etc.

D'adjectivs vegnen verbs derivai principalmein cun la presilba **en (em)**; p. e. grond - engrondir, ferm - enfermir, bi - embellir etc.; era mo cun metter vid igl adjectiv la finiziun verbiala, p. ex. verd - verdegar, schuber - schubergiar, stgir - stgirentar etc.

Verbs, che derivan da substantivs, ein p. ex.: il pesc - pescar, la nav - navigar, la casa - casar, la scola - scolar, il frar (frater) - fraternisar etc.

Pensums.

35. Pensum. Encuri si 10 verbs cun la presilba **re**! 5 cun la presilba **dis**! 5 cun la presilba **sur**! Applichei lu quels verbs en construcziuns!

36. Pensum. Encuri si en la lectura ded oz tut ils verbs, ch'ein derivai giu d'auters plaids ne d'auters verbs cun presilbas! (De repeter savens).

Ils substantivs, adjectivs e verbs ein plaids u noms substantivics, reals. Schi gleiti sco ei vegn pronunziau ora il nom dina caussa, sche savein nus imaginar il nomnau object cun nos égl intern, senza che quel sei avon nus presents. Il medem eis ei era cun ils noms de qualitats e proprietats e cun ils plaids, ch'indicheschan ina activitat. Pronunziescha ins p. e. ora ils plaids „alv, rodund", ne „scriver, plover, cantar", sche havein nus cun ina gada ina idea de quei, era sche quellas qualitats ein buca avon noss égls e sche quellas activitats daventan buca giest en nossa preschienscha.

Ils substantivs ein noms de caussas substanzialas u realas; ils adjectivs ein noms de qualitats e proprietats, che ein inseparablas dallas caussas realas sezzas; ils verbs ein medemamein noms d'activitats, che san mo vegnir patertgadas ne imaginadas cun las caussas sezzas et ein pia era inseparablas dils objects. Ins nomma perquei ils substantivs, adjectivs e verbs noms ne plaids substantivics u reals.

§ 4. Il pronom.

Ils pronoms ein plaids, che substitueschan ils substantivs e vegnen dovrai, per evitar la repetiziun de quels. Els seclassificheschan en pronoms definits e pronoms indefinits.

Ils pronoms definits.

Ils pronoms definits seclassificheschan en pronoms 1) personals, 2) possessivs, 3) demonstrativs, 4) determinativs, 5) interrogativs e 6) relativs.

1. Ils pronoms personals vegnen dovrai per ils noms de persunas. Quels ein en il singular

a) per l'emprima persuna; jeu cun las formas: *de mei, a mi, mei; jeu mez, de memez, a memez.*

b) per la seconda persuna: *ti*, cun las formas: *de tei, a ti, tei; ti tez, de tetez, a tetez;*

c) per la terza persuna, masculin: *el - ded el, ad el; el sez, de sesez, a sesez;* feminin; *ella - ded ella, ad ella; ella sezza, de sesezza, a sesezza;*

Era: *ei* et *ins* audan tier ils pronoms personals. *)

*) „Ei" sa ins nomnar in pronom neuter, che substituescha il nom della natira, sco en: „Ei plova, ei tunna, ei brischa" etc Igl ob-

En il plural

a) per l'emprima persuna: *nus - de nus - a nus; nus sezs, de nus sezs, a nus sezs;*

b) per la seconda persuna: *vus - de vus - a vus; vus sezs, de vus sezs, a vus sezs.*

c) per la terza persuna, masculin: *els - ded els - ad els; els sezs, ded els sezs, ad els sezs*; feminin: *ellas - ded ellas - ad ellas*; *ellas sezzas, ded ellas sezzas, ad ellas sezzas.*

Il pronom reflexiv „se" vegn adina ligiaus cun il verb e quei daventa en tuttas formas dil verb. Ins scriva „seoccupar, seoccupau, seoccupava; selegrel, hai selegrau, el selegrassi etc. Entscheiva il verb cun in vocal, sche sa igl e vegnir apostrophaus; enstagl „seoccupar" sa ins pia scriver „soccupar", enstagl „seadressar" era „sadressar" etc.

Pensums.

37. Pensum. Encuri si en la lectura ded oz tut ils pronoms personals, et indichei era las persunas et il numer (singular e plural)!

38. Pensum. Midei tuttas construcziuns en No. *) dil codisch de legier aschia, ch'ellas serefereschan sin l'emprima persuna dil singular! Sin la seconda persuna dil singular! (Aschia era en las autras persunas dil singular e plural cun riguardar il genus della terza persuna).

39. Pensum. Fagiei construcziuns sur ils pronoms personals!

2. Ils pronoms possessivs indicheschan il possess dina caussa. Els ein en las diversas formas en il singular

a) per l'emprima persuna, masculin: *miu - de miu - a miu;* feminin: *mia - de mia - a mia;*

b) per la seconda persuna, masculin: *tiu - de tiu - a tiu;* feminin: *tia - de tia - a tia;*

---

ject activ ei cheu ina caussa nonenconoschenta, nonvezeivla, e mo en tals cass vegn il pronom *ei* dovraus giest. El ha negin plural. „*Ins*" ei in immutabel pronom personal.

*) Il scolast designescha en il codisch de legier ina adequatta lectura per quei exercezi, il qual vegn repetius, tochen ch'ils scolars han acquistau la necessaria franchezza.

c) per la terza persuna, masculin: *siu - de siu - a siu;* feminin: *sia - de sia - a sia.*

Per las persunas dil plural,

a) per l'emprima persuna, masculin: *nos (nies) - de nos - a nos;* feminin: *nossa - de nossa - a nossa;*

b) per la seconda persuna, masculin: *vos (vies) - de vos - a vos;* feminin: *vossa - de vossa - a vossa;*

c) per la terza persuna, masc. e femin.: *lur - de lur - a lur.*

Las formas dil plural per quels pronoms ein: „*mes - de mes - a mes; mias - de mias - a mias; tes - de tes - a tes; tias - de tias - a tias; ses - de ses - a ses; sias - de sias - a sias. Noss - de noss - a noss; nossas - de nossas - a nossas; voss - de voss - a voss; vossas - de vossas - a vossas; lur - de lur - a lur.*"

Pensums.

40. Pensum. Encuri si en la lectura ded oz ils pronoms possessivs, et indichei era las persunas, il genus et il numer!

41. Pensum. Fagiei 20 construcziuns, en las qualas ils pronoms possessivs vegnen avon! (En ina lectura qualificada san era las persunas vegnir transponidas (vegnir scomiadas) en las construcziuns).

3. Ils pronoms demonstrativs sereferESchan definitivamein sin in object e stattan tier il nom de lez, ne era senza lez. Els ein per il genus masculin:

Singular.	*Plural.*
quest - de quest - a quest;	quests - de quests - a quests;
quel - de quel - a quel;	quels - de quels - a quels;
tschel - de tschel - a tschel;	tschels - de tschels - a tschels;

quei *) - de quei - a quei; senza plural;
tschei - de tschei - a tschei; senza plural.

Per il genus feminin:

questa - de questa - a questa; questas - de questas - a questas;
quella - de quella - a quella; quellas - de quellas - a quellas;
tschella - de tschella - a tschella; tschellas - de tschellas - a tschellas.

*) „Quei" e „tschei" ein ensesez pronoms neuters, che dovein buca vegnir tschentai avon ils substantivs. Ei ghei buc endretg de dir ne scriver: „Quei um, tschei giuven" enstagl: „quest um, tschel giuven." Quei e tschei drova ins senza substantivs; p. e.: Jeu vi ne de quei ne de tschei. Quei fa in'aura! Tschei ei buca de capir!

4. Ils pronoms **determinativs** fan attent sin igl object, sur il qual ei dovei vegnir exprimiu enzatgei. Els ein per il genus masculin:

Singular.	*Plural.*
quel - de quel - a quel;	quels - de quels - a quels;
lez - de lez - a lez;	ils ezs - dils ezs - als ezs;
tal - de tal - a tal;	tals - de tals - a tals.

Per il genus feminin:

quella - de quella - a quella; quellas - de quellas - a quellas;
lezza - de lezza - a lezza; las ezzas - dellas ezzas - allas ezzas;
tala - de tala - a tala; talas - de talas - a talas.

Il pronom „**quel, quella**“ ei beinduras in **demonstrativ**, sco p. e. en las suondontas construcziuns: „**Quel** turna buca pli a casa; **quella** ei persa; **quel** ha gudognau e tschel ha pers la victoria etc. „**Quel** e **quella**“ garegian sco pronoms **determinativs** adina aunc ina construcziun dependenta cun „**il qual, la quala, ne che**“; p. e. Quel, il qual ademplescha sias obligaziuns, ei conscienzius; **quel**, che tschontscha bia, lavura pauc etc.

Pensums.

42. **Pensum.** Encuri si en la lectura ded oz ils pronoms demonstrativs e determinativs et indichei il genus et il numer! (De repeter pliras gadas).

43. **Pensum.** Fagiei 12 construcziuns et applichei en quellas ils pronoms demonstrativs e determinativs!

5. Cun ils pronoms **interrogativs** vegn ei demondau suenter ina persuna ne caussa. Els ein:

tgi? - de tgi? - a tgi? ; *tgei? - de tgei?*

„**Tgi**“ vegn dovraus per persunas e „**tgei**“ per caussas senza riguard sin lur genus. Pronoms interrogativs ein era

	Singular.	*Plural.*
masc.	*qual?* - de qual? - a qual?	quals? - de quals? - a quals?
femin.	quala? - de quala? - a quala?	qualas? - de qualas? - a qualas?

masc. Tgei nin? - de tgei nin? - a tgei nin? *)
femin. Tgei nina? - de tgei nina? - a tgei nina?

*) Dovess esser. „**Tgei in?, tgei ina?**“ Cheu vegn igl n mess avon ina per facilitar la pronunzia. „**Tgei nins**“, che vegn era savens dovrau en il plidar, ei ina expressiun faulsa, ch'astga buca vegnir dovrada; en il plural demonda ins simplamein: „**quals? qualas?**“

6. Ils pronoms interrogativs nomna ins pronoms relativs, cura ch'els expriman buc ina demonda, sco p. e. Tgi che ei contents, ei ventireivels; tgei che terbscha, para ded esser aur.

„Qual e quala“ cun lur formas survegnen aunc igl artichel definit „il ne la“, cura che els vegnen dovrai per pronoms relativs.

Enstagl *„il qual, ils quals, la quala, las qualas“* sa ins adina tschentar „che“, che ei pia en quei cass era in pronom relativ, schegie che „che“ ei schiglioc ina conjuncziun.

Pensums.

44. Pensum. Encuri si en vossa lectura ded oz ils pronoms interrogativs e relativs e distingui quels in de lauter! (Quest pensum vegn repetius pliras gadas).

45. Pensum. Dovrei ils pronoms *„tgi, tgei, qual, quala“* en construcziuns, en 5 sco pronoms interrogativs, et en 5 autras sco pronoms relativs!

Ils pronoms indefinits u gienerals.

Tier ils pronoms indefinits quinta ins ils plaids: *enzatgi – d'enzatgi – ad enzatgi; enzatgei – d'enzatgei; nuot – de nuot; mintgin (mintga in) – de mintgin – a mintgin; mintgina – de mintgina – a mintgina* Tier ils pronoms indefinits audan era ils numerals: *„in, ina, negin“* en lur diversas formas, cura ch'els vegnen dovrai per substantivs; p. e. *In* ei morts per nus vid la crusch. Negin ei dil tut ventireivels avon sia fin.

En quellas construcziuns ein ils plaids „in“ e „negin“ pronoms, mo en las suodontas ein els numerals cun forma adjectiva; p. e. Tgi che ha de portar mo ina crusch, quel dovei buca selamentar. Negin carstgaun ei dil tut ventireivels avon sia mort.

Tut ils sura indicai pronoms indefinits vegnen dovrai mo per persunas cun excepziun de „enzatgei e nuot“, ils quals vegnen era dovrai mo per caussas.

Pensums.

46. Pensum. Encuri si en vossa lectura ded oz tut ils pronoms indefinits u gienerals!

47 Pensum. Fagiei 20 construcziuns, en las qualas ils pronoms indefinits vegnen avon!

II. Secziun.

Ils plaids formals.

§ 5. Igl artichel.

Igl artichel ei mo in plaid formal, il qual stat avon ils substantivs e ch'indichescha il genus de quels. Ei dat dus artichels, in artichel definit et in artichel indefinit.

Igl artichel definit per il genus masculin ei

en il *singular:* en il *plural:*

il, cun sias formas „*dil*, *al*"; *ils*, cun las formas „*dils*, *als*".

Igl artichel definit per il genus feminin e

en il *singular:* en il *plural:*

la, cun las formas „*della*, *alla*"; *las*, cun las formas „*dellas*, *allas*".

Entscheiva il plaid, che suonda sin igl artichel il, cun in vocal, sche scriva ins „*igl* - *digl* - *agl*" enstagl „*il* - *dil* - *al*". En il medem cass sa ei vegnir apostrophau tier igl artichel feminin, pia „*l'* - *dell'* - *all'*" enstagl „*la* - *della* - *alla*". Ins sto dentoo buc esser liberals cun igl apostroph.

Igl artichel indefinit ei

per il genus masculin: **in**, cun las formas „*din*, *ad in*"; per il genus feminin: **ina**, cun las formas „*dina*, *ad ina*."

Igl artichel indefinit ha negin plural.

48. Pensum. Encuri 'si en vossa lectura ded oz tut ils artichels definits et indefinits et indichei lur genus et il numer!

§ 6. Il numeral.

Ils numerals ein plaids formals, che stattan ordinariamein avon ils substantivs et indicheschan il diember ne la quantitat dils objects, u definitivamein, ne era mo en gieneral. Ins distingua perquei era numerals definits e numerals indefinits u gienerals.

Ils numerals definits.

Ils numerals definits sedividan en numerals „cardinals“ e numerals „ordinals“.

Ils numerals cardinals respondan sin la demonda „cont?“ ne „cont bia?“ Numerals cardinals ein aschia: *in*, *dus*, *treis*, *diesch*, *quindisch*, *tshiunt*, *milli* etc.

Ils numerals ordinals respondan sin la demonda „*ils conts? Las contas?*“ Numerals ordinals ein: „*igl emprim* (*l'emprima*), *il second* (*la seconda*), *il terz*, *il quart*, *il quint*, *il dieschavel*, *il tschientavel etc.*

Ils numerals ordinals han ordinariamein igl artichel definit avon els, mo els san era haver igl artichel indefinit; p. e. *In second* Fontana dat ei buca savens etc.

Numerals indefinits u gienerals.

Ils numerals indefinits expriman la quantitat, ne l'extensiun della materia, senza determinar precis il diember. Numerals indefinits ein: „*tut - tutta, tuts - tuttas; mintga, negin - negina, enqual - enquala, (bein enqual - bein enquala); bia - biars - biaras, pauc - paucs - paucas, enzaconts - enzacontas, entgin - entgina, entgins - entginas, pli - plirs - pliras;* era: *entir - entira, entirs - entiras, mez (miez) - mezza, mezs (miezs) - mezsas* san vegnir quintai tier ils numerals gienerals.

Pensums.

49. Pensum. Encuri si en Nr. . . dil codisch de legier ils numerals et indichei tier quala classificaziun els audan!

50 Pensum. Fagiei 12 construcziuns, et applichei en 3 numerals cardinals, en 5 numerals ordinals et en 4 numerals gienerals!

§ 7. La preposiziun.

Las preposiziuns ein plaids formals, ils quals stattan avon ils substantivs, ne plaids dovrai per substantivs, et insinueschan la relaziun, en la quala in object stat cun in auter object, ne cun ina activitat. Las preposiziuns sedividan en

1) preposiziuns, ch'indicheschan la direcziun dell'activitat,

sco: *da* *), *or*, *tier*, *en* (*enten*) etc. Exempels. Las vaccas vegnen *dad* alp, ne *da* l'alp (mo buca: dall'alp); il carstgaun va o r d questa vita t i e r la perpetnadat; il Glogn sbucca e n il Rhein etc.

2) preposiziuns, ch'insinueschan la relaziun dil liuc dell'activitat, sco: *en*, *enteifer*, *de maneivel*, *si* (*sin*), *sura*, *sut*, *avon*, *enturn* etc. Exempels. Nus emprendein e n scola; il molin schai d e m a n e i v e l dil marcau; ils pescs setegnen si e n l'aua etc.

3) preposiziuns, ch'indicheschan las relaziuns dellas activitats

a. a riguard il t e m p s, sco: *a*, *suenter*, *avon*, *en*, *duront*, *sut* etc. Exempels. Nus levein la damaun *a* las sis (buca: *allas* sis); la raccolta ei finida *en* paucs dis; ils fritgs madireschan d u r o n t la stat; ins dovei buc esser distracts s u t il servetsch divin etc.

b. a riguard la m o d a e m a n i e r a, sco: *a*, *cun*, *senza*, *tras* etc. Exempels. Nus mein **a** pei; el plaida c u n aulta vusch; il sfarlatader viva s e n z a quitau; t r a s perseveronza e diligenza arriva ins tier igl intent etc.

c. a riguard il m o t i v, sco: *per*, *da* etc. Exempels. Las carschienschas seccan vi *da* la calira; biars fan viadi *per* plascher etc.

4) preposiziuns, ch'expriman las relaziuns de diversas qualitats d'objects, sco: *per*, *si* (*sin*), *tier*, *vid* (*vi*), *de*, *suenter*, *avon*, *sur* etc. Exempels. Il pauper roga p e r l'almosna; ils buns affons selegran s i n la festa de Natal; il pietus ura t i e r Dieus; igl engrazieivel seregorda d e ses benefacturs; pertratga savens v i d la mort! Pupla mai s u r la divina providienscha! Sepertgira d e schliatas compagnias! etc.

---

*) Entginas difficultas fa la distincziun denter **da** e **de**. La preposiziun **da** drova ins tier relaziuns derivativas et arrivativas, **de** tier relaziuns qualitativas ne attributivas. Aschia di ins: „vegnir **da** scola, vischins **da** Cuera, ovra **da** carstgauns (che deriva da carstgauns), scartiras **da** scolars (scrittas **da** scolars)"; mo ins di lu, „vias **de** fier, ballas **de** plum, fil **de** mangola, lenziel **de** glin."

5) preposiziuns, che stattan avon igl attribut, sco: *de, denter, en, sut* etc. Exempels. Vestgadira de seida ei cara; Ils pescs en la mar ein gronds; il zerclem denter la salin sto ins trer ora; ils pievels sut potentats ein ordinariamein sclavs etc.

Pensums.

51. Pensum. Encuri si en la lectura ded oz las preposiziuns et indichei, en tgei relaziuns ellas comparan! (De repeter savens).

52. Pensum. Fagiei construcziuns, en las qualas las preposiziuns „*duront, sur (sura), en, per, malgrad, tenor, da, tier, sper, tras, or (ord), enconter, senza*“ vegnen avon!

53. Pensum. Fagiei 15 construcziuns,

a) 5, en las qualas la preposiziun indichescha la direcziun dell'activitat,

b) 5, en las qualas la preposiziun indichescha la relaziun dil luc, e

c) 5, en las qualas la preposiziun indichescha la relaziun dil temps, della moda e maniera, ne dil motiv!

54. Pensum. Fagiei construcziuns, nomnadamein

a) 10, en las qualas la preposiziun exprima la relaziun digl object, e

b) 10, en las qualas la preposiziun servescha tier l'expressiun digl attribut!

Igl artichel, il numeral e la preposiziun ein plaids formals, che stattan avon il substantiv.

Las preposiziuns stattan savens era tier ils verbs, e principalmein vegnen biaras preposizuns ligiadas vid ils verbs. Sur tals verbs components (composts) eis ei vegniu plidau en § 3 tier il verb. Denton comparan las preposiziuns leu quasi tras atras en forma latina et ein inseparablas tier la conjugaziun dil verb, fertont che las preposiziuns romonschas, che audan tier il verb, sesligian de lez en la conjugaziun e stattan separadas davos el. Exempels. ir – ir *suenter* – ir *avon*; comprar – comprar *si* – comprar *giu* – comprar *or*; vender – vender *ora*, metter *sut*, temprar *en* etc.

En la construcziun: „El mussa si la verdat“, auda pia la preposiziun „si“ tier il verb „mussar“ e buca tier il substantiv „verdat“. Era en las suondontas construcziuns auda la preposiziun tier il verb, e buca tier il substantiv, sco: Il marcadont dat ora specerias; igl um metta si la capella; il mechanicus tempra en in molin; la fantschella (fumetgasa) compra en vivonda; il negoziant compra si vin; quest scolar fa tras tuttas classas etc.

Pensums.

55. Pensum Encuri si en No... dil codisch de legier ils verbs componii cun preposiziuns romonschas!

56. Pensum. Ligiei la preposiziuns *„giu, si, or, sur, en, tras, avon, tier“* cun verbs e fagiei lu construcziuns cun quels!

57. Pensum. Ligiei adequattas preposiziuns cun ils verbs *„drizar, cavar, raspar, resgar, pinar, fender, lavar, star, zugliar, metter, dir, morir, bognar, svidar“* et applichei lu els en construcziuns! (Quest exercezi dovei vegnir continuaus cun auters verbs en plirs pensums!).

§ 8. Igl adverb.

Ils adverbs ein plaids, che sereferescha̅n principalmein sin il verb e ch'indicheschan las circumstanzas, sut las qualas l'activitat succeda. Talas circumstanzas ein

1) il liuc, nua ch'ina activitat succeda; p. e. La fontauna nascha leu; rosas senza spinas dat ei negliu; sto jeu ir dretg ne seniester per arrivar a N? etc.

   Semeglionts adverbs ein era: pertut (dèpertut), sura, sut, davon, nua? denunder? etc.

   Pliras de quellas expressiuns adverbialas consistan ord dur plaids, sco p. e. *cheu si, leu giu, sut en, leu ora, da cheu, davon tier, sut vi* etc. Che la circumstanza dil liuc sa era vegnir exprimida tras in substantiv cun preposiziun, ei allegau en il paragraph antecedent sur las preposiziuns.

2) Il temps, cur in' activitat daventa, ne era il cuz de quella; p. e. Igl affon dorma uss; el ha ier scrit ina brev; damaun vegn ei a plover; sincers sto ins esser adina; in bien affon di mai ina nonverdat; etc.

De quels adverbs ein era: trasò, enzacu, cu? (cura?), aunc, gleiti, antruras, beinduras, schiglioc, spert, lu, (lura), bauld, tard, mervegl, puspei, suenter, avon etc.; era las expressiuns cun dus plaids: *de rar, cont ditg, cont savens, tochen cu, tudi, plaun e plaun, il pli, mintga mai* etc.

3) La moda e maniera, co ina activitat daventa; p. e. Tegn auter ils peis! Scriva aschia! Il schuldau va sidretg etc. Tier la moda e maniera sa ins era quintar
   a) la repetiziun dina activitat, cont savens ella daventa; p. e. el scriva puspei; miu amitg vegn de rar en il marcau etc.
   b) l'indicaziun din pli ault grad de forza dell'activitat; p. e. ei plova fitg; il tgaun curra zun fitg etc.
   c) l'expressiun dell'activitat, sche quella ei affermativa, negativa, probabla ne necessaria; p. e. Il smarachanèr croda cert en la miseria; la vertit vegn pilver remunerada; il bab va buc a marcau; l'aura semida forsa cun la midada della glina; ils affons ston tuttavia suondar lur genitурs e mussaders etc.

De quels adverbs ein: fitg, pilver, franc, forsa, cert, circa, strusch, bein, entir, accurat, precis, aschia, auter, zun, cunzun, persul, solet, adumbatten, gie, na, buc (buca), co; era expressiuns cun dus plaids, sco: *buca franc, buca cert, dus a dus, a peer, giest aschia, per nuot* etc.

4) Il motiv, per il qual ina activitat daventa. Il motiv vegn en il lungatg romonsch exprimus il pli en entiras construcziuns, ne era entras in substantiv cun ina preposiziun. Perquei havein nus en il lungatg romonsch mo entgins adverbs interrogativs per il motiv. Quels ein: *Pertgei? cun tgei? tier tgei? ord tgei?*

Adverbs ein era ils plaids, che fineschan sin mein, sco p. e. presentamein, bravamein, ànnetgamein, positivamein, naturalmein, bunamein, innocentamein etc., ils quals derivan d'adjectivs, vid ils quals ins ha mess quella finiziun mein. Era cun la finiziun eivel deriva ins aunc plirs adverbs d'adjectivs ne verbs, sco p. e. snuer - **snueivel**, **carteivel**, **vezeivel**, **posseivel** etc.

Quels plaids ein ensesez adjectivs, mo san, sco la gronda part dils auters adjectivs, era vegnir dovrai per adverbs. Schi gleiti sco igl adjectiv sereferescha en la construcziun sin il verb, sche vegn el quintaus per in adverb. Il plaid **grond** ei p. e. in adjectiv; mo en la construcziun: „Quest scolar scriva **grond**", sereferescha igl adjectiv „**grond**" sin il verb „**scriver**" e buca sin il substantiv „**scolar**", et el vegn pia en quei cass tenius per in adverb, quei vul dir, el ei vegnius dovraus per adverb.

Pensums.

58. **Pensum.** Encuri si en la lectura ded oz tut ils adverbs e remarchei, tgei circumstanza els indicheschan! (De repeter tenor basegns.)

59. **Pensum.** Fagiei 10 construcziuns, en las qualas la determinaziun circumstanziala dil luc vegn exprimida entras in adverb!

60. **Pensum.** Fagiei 10 construcziuns, en las qualas la determinaziun dil temps vegn exprimida tras adverbs!

61. **Pensum.** Fagiei 10 construcziuns, en las qualas la determinaziun della moda e maniera vegn exprimida tras adverbs!

§ 9. La conjuncziun. *)

Las conjuncziuns ein plaids formals, ils quals serveschan per ligiar ensemen duas ne pliras construcziuns, che audan tier in pertratg, ne era per nuvar parts dina construcziun contracta.

En las construcziuns: „Il bab **e** la muma lavuran; il scolar emprenda de legier **e** scriver", ligia la conjuncziun **e** mo parts dina e la medema construcziun.

En las construcziuns: „Il bab lavura, **e** la muma cuschina; il scolar legia, **mo** la scolara scriva; il tscherschèr fluorescha, **era** lautra pomèra vegn gleiti a flurir", ligian las conjuncziuns **e**, **mo**, **era** mintga gada esemen duas construcziuns.

---

*) La distincziun dellas diversas qualitats de conjuncziuns sa enssesez vegnir allegada per en la sintax. Ei gliei sufficient, sch'ils scolars san ad interim distinguer las conjuncziuns ded auters plaids et applicar ellas practicamein en construcziuns.

L'expressiun, ne construcziun: „Nus observein", contegn buc in entir pertratg; metta ins vitier in'entira construcziun, per completar quell'expressiun, sche vegn quella ligiada cun questa tras ina conjuncziun; p. e. „Nus observein, che la plievia fa bein alla campagna." Cheu entscheiva la seconda construcziun cun la conjuncziun „che".

La construcziun: „La plievia fa bein alla campagna", dat in complein senn persulla; mo metta ins avon ella la conjuncziun „che" e di: „che la plievia fa bein alla campagna", sche senta ins, ch'ella stat en relaziun cun in auter pertratg, ch'ella ei pia dependenta din'autra sentenzia e sa en quella forma buca vegnir entelgida e dovrada persulla.

Stat quella construcziun senza la conjuncziun „che", sche ei ella ina construcziun principala u primaria, mo cun la conjuncziun „che" ei ella ina construcziun secundaria e subordinada ad in'autra construcziun, la quala va ordavon, ne stat era suenter ella.

Ord quels exempels vezza ins, che las conjuncziuns alligian u construcziuns primarias, ch'ein independentas ina de lautra, sco: „il bab lavura, e la muma cuschina", ne era construcziuns, dallas qualas ina ei subordinada e serva mo per completar il senn de lautra. En igl emprim cass ein las construcziuns coordinadas, en il second cass ei ina subordinada a lautra, e las conjuncziuns, che vegnen dovradas en quels divers cass, sedividan pia era en „conjuncziuns coordinontas" e „conjuncziuns subordinontas."

La conjuncziuns coordinontas ein:

a) ligiontas (copulativas) et adjunctas,

sco: *e, et, et era, er, era, tier quei, sur de quei (surdequei), supra de quei, ultra de quei, ultra, lu, lura, milsanavon, buca mo - mo bein era, schizun, gie schizun, per part - per part, finalmein, per igl emprim, per il second* etc

b) Opponentas,

sco: *mo, buc - mo - (mo bein), buc - pli tost, ne, u, u - ne, non che, (non ch'ei sei), schiglioc (en cass contrari) encontercomi, tonatont, auncalura, perquei tonatont, dentont (denton), tonatont perquei, nuotatontmeinz* etc.

c) Confirmativas u affirmativas.

sco: *da cheu, perquei, pia, bein pia, idem, perquei che, sinaquei che, aschia, ergo, per consequenza, consequentamein, pertgei (essent che)* etc.

Conjunczi uns subordinontas ein:

che, sinaquei, sche, nua, nua che, denunder che, cu (cura), cura che, duront, duront che, dentont (denton), fertont, schinavon, (schinavont), tochen, tochen che, entochen che, perquei che, schi ditg, schi ditg sco, dapi, dapi che, avon (avont), avon che, aschia-che, sco, aschia-sco, sche, sco sche, pli-pli, pli-tont pli, tenor sco, schinavon sco, en cont lunsch, ussa che, pia che, schebein, schebein che, schegie, schegie che, en cass che, malgrad, nonditgont, sco era etc.

Ord quella survista dellas conjuncziuns sa ins observar, che pliras specias de plaids vegnen dovradas per conjuncziuns, principalmein adverbs, u persuls ne en combinaziun cun auters plaids, sco era schizun substantivs. En la sintax san era ils pronoms relativs, cun ils quals la construcziun subordinada vegn introducida, vegnir considerai per conjuncziuns. *)

Pensums.

62. Pensum. Encuri si en vossa lectura ded oz las conjuncziuns! (De repeter savens).

63. Pensum. Alligiei mintga mai duas dellas suondontas construcziuns cun adequattas conjuncziuns!

Ils Christs creian enten in Diu - ils Pagauns creian buc enten in ver Dieus. La glieut habitescha en casas - ils animals han lur avdonza en nuel, or sin la campagna ne en ils uauls. Ils affons dovein suondar lur gieniturs e superiurs - ei va buca bein cun ils affons. Las medischinas ein amaras (pitras) - il malsaun sto prender en las medischinas - el vul vegnir sauns. La ventira gudogna ils amitgs - la sventira emprova ils amitgs. Il scolar sto esser diligents et attents - el emprenda nuot. Vul

---

*) En construcziuns abbreviadas vegnen las conjuncziuns schadas naven; en quei cass vegn la construcziun subordinada savens introducida cun la preposiziun „de" avon il verb; p. e. „Ei gliei malsaun, de dormir ditg". Tier semegliontas construcziuns abbreviadas sa ins era schar naven il comma

ti fugir dil mal - ti stos evitar las schliatas compagnias. Il scolast sa oz dar negina instrucziun - il scolast ei malsauns. Il tarand dat als Lapponès latg, carn e vestgadira - il tarand sa vegnir dovraus per manadira. Possa dat curascha - curascha porta victoria. Las talpas consumeschan ina gronda quantitat coss e verms - ils corvs extirpeschan ina gronda quantitat vermaneglia. Igl ors ei in animal selvadi - igl ors selai domesticar. Il vinars ei ina fitg noscheivla e malsanadeivla bevronda - ins dovei mai bever (beiber) vinars. Beai ein ils misericordeivels - ils misericordeivels vegnen a contonscher misericordia. Josua ha manau ils Israelits en Palestina - Moises era stulius naven Ils carstgauns savessen tuttavia buca viver et exister - ils èrs vegnessen buca cultivai. L'oraziun porta confiert e ruaus en tuttas occurenzas della vita - il carstgaun dovei savens far oraziun. Cun la verdat vegn ins tras tut il mund - ins dovei de giuven ensi sendisar vid la verdat. Ils vegls Confederai han acquistau e conservau la libertat et independenza - ils Confederai ein stai valerus, giests e simpels. Il Grischun ei ina aspra terra montognusa - il Grischun ha a proporziun ina pintga populaziun. —

64. Pensum. Completei las sequentas construcziuns!

Nus savein distinguer il bien dal mal, perquei - - -. Al manzesèr crei ins buca pli, sche - - -. In carstgaun stovess morir, sche - - -. Ins cultivescha et engrascha ils èrs, sinaquei - - -. Il fried della tulipana ei buc emperneivels, schegie che - - -. Honorescha e tegn car bab e muma, sinaquei - - -. Nus savessen buca frequentar la scola, sche - - -. Ei dass gleiti negina vertit pli, sche - - -. Bia glieut vegn malsauna, perquei - - -. La tschivetta vezza bunamein nuot da dis, schegie che - - -. Sepertgira de schliatas compagnias, schiglioc - - -. Ils Rhets (Rheziers) eran in pievel liber, avon che - - -. Ils giuvnals dormevan, duront che - - -. Las valerusas femnas de Lumnezza han teniu si igl inimitg a Porclas, duront che (tochen che) - - -. L'aua semida en glatscha, schi gleiti che (sco) - - -. Las vaccas dattan bia latg, sche - - -. Il deluvi gieneral ei succedius, suenter che - - -. Las steilas paran a nus fitg pintgas, perquei - - -. Noe ei vegnius ord l'arca, suenter che - - - Il fumegl sto obedir, cura che - - -. Las notgs ein stgiras, cura che - - -. Las talpas consumeschan ina grondissima quantitat coss et autra vermaneglia, per consequenza - - -. Affons starfatgs persequiteschan savens ils utils utschels che contan, schegie - - -. Rauba e beins engolai portan negina benedicziun en ina casa, era sche - - -. Pli gronds ch'il basegns ei, tont pli - - -. Ils utschels emigrants turnan anavos en nossas contradas, schi glieiti - - -. Las tschischeglias ein buca tussegadas; tonatont - - -. Il scolar sto esser diligents et attents, schighoc - - -. Ils temporals frestgentan il funs cun aua; surdequei - - -.

65. Pensum. Fagiei 12 construcziuns dublas, che ein ligiadas ensemen cun adequattas conjuncziuns!

§ 10. L'interjecziun.

Las interjecziuns ein suns, ne silbas, ne era plaids, dals quals il carstgaun sesurvoscha per exprimer u exclomar sia legria, sia tristezia, sia compassiun, sia dolur, siu disgust, sia admiraziun, sia aversiun e sia tema. Suenter las interjecziuns fa ins in sign d'exclamaziun.

Las ordinarias interjecziuns ein: O! ah! he! ha! ei! ei ei! hei! ho! hoho! uii! si! tgei bi! hu! fudi! fi! paff! platsch! o vé! sgarschur! furtinas! viva! e viva! holla! oibo! aba! agit! etc.

66. Pensum. Encuri si interjecziuns en vos codisch de legier!

Annotaziun. A la fin digl emprim curs dovein ils scolars esser habels, d'analisar entiras construcziuns, gie in'entira lectura en il codisch de legier. Ei vegn surschau al scolast de designar adequattas historias en il codisch de legier per tals pensums.

II. Curs.

Las flexiuns.

I. Secziun.

Las declinaziuns.

---

§ 1. Ils casus.

En la construcziun: „Il scolast lauda il scolar“, comparan duas persunas, nomnadamein il „scolast“ et il „scolar“. Quellas duas persunas ein cheu messas en relaziun ina cun lautra tras il plaid „ludar“, ch'exprima ina activitat. La situaziun de quellas duas persunas visasi a quella activitat ei diversa; il scolast ei quel, dal qual l'activitat va ora, vegn exsequida; el lauda, el fa enzatgei, el ei igl origin de quella activitat. Il scolar ei tier quella acziun passivs, l'activitat sereferescha sin el, senza che el prendi entgina part de quella

Il scolast ei pia en ina situaziun activa, il scolar encontercomi en in cass passiv. Exteriurmein observa ins negina diversitat formala denter quels dus plaids; omisdus han igl artichel definit „il“ avon els.

Nus distinguin pia en semegliontas construcziuns tier persunas e caussas dus cass (casus, duas situaziuns) cun la medema forma. Il cass activ nomna ins il (casús) „Nominativ“, il cass ne la situaziun della persuna passiva nomna ins il (casus) „Accusativ“. Omisdus casus han la medema forma exteriura, mo lur relaziun interna tier l'activitat ei diversa, contraria.

Tschenta ins denter quels dus substantivs, enstagl „l u d a r“, l'activitat „s e r e g o r d a r“ ne „s m a n a t c h a r“, sche compara en l'emprima relaziun la particla ne preposiziun „de“, en la seconda „a“, pia „s e r e g o r d a r d e“ e „s m a n a t s c h a r a“ e las construcziuns ein:

„I l s c o l a s t s e r e g o r d a d e i l s c o l a r; i l s c o l a s t s m a n a t s c h a a i l s c o l a r“; ne era: „Il scolast seregorda de in scolar; il scolast smanatscha a in scolar.“

En quellas duas construcziuns ei il „s c o l a s t“ en la medema situaziun, sco en quella d'avon. Il substantiv scolast ei pia il n o m i n a t i v en omisduas construcziuns. Il „s c o l a r“ ei era en quellas construcziuns igl object passiv, sin il qual las activitats „s e r e g o r d a r“ e s m a n a t s c h a r“ serefereschan.

Mo la forma ei en quei grau diversa, che ils verbs „s e r e g o r d a r“ e „s m a n a t s c h a r“ drovan aunc las indicadas preposiziuns (particlas), per exprimer quellas relaziuns. Il casus, il qual suonda sin il verb cun la preposiziun „d e, nomna ins il „G e n i t i v“, quel, sin il qual il verb cun la preposiziun „a“ serefarescha, il „D a t i v“.

Tschentein nus quels quater casus en igl usitau urden in sut lauter, sche havein nus

1) Nominativ — persuna ne caussa activa.
2) Genetiv . . de }
3) Dativ . . . . a } persuna ne caussa dependenta u passiva.
4) Accusativ — }

Nus havein cheu anflau la regla per tuttas declinaziuns, schibein digl artichel, sco era dils substantivs, adjectivs, pronoms e numerals.

Il g e n i t i v vegn adina exprimius cun la preposiziun ne particla „de“, il d a t i v cun la particla „a“.

Denton sto ei cheu vegnir observau, che quellas particlas seligian cun ils auters plaids formals, cura che quels entscheivan cun in vocal. Aschia scriva e legia ins buc „de il“; ins apostrophescha igl „e“ en „de“ e trai il „d“ ensemen cun igl artichel e scriva e legia „dil“. Mo sto ins mai emblidar, che quei „dil“ ei nuot auter ch'ina contracziun de „de“ et „il“. In'autra irregolaritat vegn era avon, cura che „de“ stat tier il genitiv feminin cun il artichel „la“. Era cheu vegn la particla tratga ensemen cun igl artichel, et ins metta lu aunc vitier in „l"; aschia vegn ei fatg ord „**de la**" la contracziun „**della**". Pertgei scriva ins pia era „**digl**" enstagl „**de igl**"?

Ord las medemas raschuns vegn era la preposiziun „**a**" tratga ensemen cun igl artichel, pia enstagl „**a il**" ne „**a igl**", vegn ei fatg „**al**" ne „**agl**", enstagl „**a la**", scriva ins „**alla**". *) Era igl artichel indefinit, sco il plural digl artichel definit vegnen sin quella maniera tratgs ensemen cun quellas particlas, sco quei che la declinaziun vegn a mussar.

En ils cheu allegai cass dependan il genitiv, dativ et accusativ dil verb, et ins di, ch'in verb regi quel ne tschel casus; mo era las preposiziuns ha influenza siñ ils casus, sco quei che nus vegnin a ver pli tard.

§ 2. Declinaziun digl artichel, substantiv, adjectiv e numeral.

Igl artichel definit vegn declinaus

	en il singular	*en il plural*
	masculin.	
Nominativ:	il, igl	ils,
Genitiv:	dil, digl, (de il, de igl)	dils, (de ils)
Dativ:	al, agl, (a il, a igl) .	als, (a ils)
Accusativ:	il, igl	ils.
	feminin:	
Nom.	la, l'	las,
Gen.	della, dell', (de la)	dellas, (de las)
Dat.	alla, all', (a la) . .	allas. (a las)
Acc.	la, l'	las.

---

* La preposiziun **a** fa buc adina ina tala contracziun cun igl artichel, nomnadamein lura buc, cura che quella preposiziun **a** indichescha la direcziun della activitat, ne la relaziun della activitat a riguard il temps. (Mira pag 21). Ins sto pia scriver: „El va **a la** malura (mal'ura), il bab va **a la** fiera de Glion; nus levein la damaun **a las** sis", e buca: „El va **alla** malura; il bab va **alla** fiera de Glion; nus levein la damaun **allas** sis." etc

Igl artichel indefinit ha negin plural; el vegn declinaus:

	masculin.	feminin
Nom.	in	ina,
Gen.	din, (de in)	dina, (de ina)
Dat.	ad in, (a in)	ad ina, (a ina)
Acc	in.	ina.

Tier igl artichel indefinit vegn la preposiziun „de“ en il genitiv apostrophada e tratga ensemen cun igl artichel; mo la preposiziun „a“ en il dativ buc; quella resta separada digl artichel, ei vegn mo aunc mess vitier in „d“ per facilitar la pronunzia.

Stat la preposiziun „da“ avon igl artichel definit, sche vegn ei era fatg ina contracziun. Ins scriva e legia „**dal, dagl, dalla,**“ enstagl „**da il, da igl, da la**“ et era en il plural „**dals, dallas**“ enstagl „**da ils, da las**“

Stat „**da**“ avon igl artichel indefinit, sche metta ins vid „**da**“ aunc in „**d**“ per facilitar la pronunzia. Ins scriva pia „**dad in, dad ina**“ enstagl „**da in, da ina**“. D'apostrophar igl „**a**“ en „**da**“ avon igl artichel indefinit, ei buca beinfatg e mo lubiu en poesias.

La contracziun della preposiziun „**da**“ cun igl artichel definit, sco era sia alligaziun cun igl artichel indefinit nomna la grammatica igl „Ablativ“, il qual figurescha sco in casus de persei.

La preposiziun „da“ fa denton negina contracziun cun igl artichel definit, cura ch'ella exprima ne indichescha la direcziun della activitat (pag. 21). Ins scriva e legia p. e. „Las vaccas vegnen **da** l'alp (giu **da** l'alp)“ e buca: „Las vaccas vegnen **dall'** alp (giu **dall'** alp).“ etc.

Ins dovess era far negina contracziun cun „**da**“, cura che quella preposiziun indichescha la relaziun della activitat a riguard il motiv, ne in' autra determinaziun circumstanziala (pag. 21). Ei gliei pia meglier de p. e. scriver e legier: „Las plontas seccan **da la** calira; biars paupers moran **da la** fom“, che de tschentar: „Las plontas seccan dalla calira; biars paupers moran **dalla** fom.“ etc.

Ei gliei denton negina errur, sche ins trai era en il genitiv buc ensemen la preposiziun cun igl artichel, mo sto ins en lez cass aunc metter in „d“ vid la particla e scriver „**ded in, ded ina**“; quei daventa denton quasi mo en poesias. Indicheschan las preposiziuns „de“ et „a“ il genitiv e dativ tier substántivs mo dina silba, ils quals entscheivan cun in vocal, sche vegn ei mai, silmeinz en prosa, apostrophau, ins metta adina aunc vitier in „d“ per facilitar la pronunzia. Ins scriva pia: **ded um, ad um.** Tier substantivs cun pliras silbas sa igl e en de vegnir apostrophaus. Ins sa pia dir: f a v e l l a d' a d v o c a t, d a n è r s d' a r g i e n t etc.

A riguard la declinaziun dil substantiv eis ei de remarcar, che lez sa vegnir declinaus persuls, ne en connexiun cun igl artichel definit et indefinit, cun igl adjectiv, cun il pronom e cun il numeral. En il singular resta il substantiv sez immutabels; en il plural prenda el si in „s“ en tut ils casus, schibein il substantiv masculin sco il feminin. In' excepziun fan ils substantivs che fineschan sin „l“; quels prendan si en il plural „ls“ e midan igl „l“ en „e“. (Entgins dialects salvan igl „l“ e metten aunc vitier la finiziun „als“, aschia ch'ils plaids fineschan sin „ials“; quella finiziun ei denton tuttavia buca d'imitar).

Enzaconts auters substantivs prendan si en il plural in „a“, e retscheivan cheutras bein in senn de plural, mo han tonatont mo ina forma dil singular; p. e. il *pom*, la *poma*; il *pomèr*, la *pomèra;* igl *ies*, l'*ossa*; il *mél* (*meil*), la *méla*; il *prim*, la *prima*; il *pér*, la *péra* etc. Denton han era quels substantivs en il plural in „s“, sco ils auters, cura ch'il substantiv vegn determinaus en siu diember e buca dovraus mo gieneralmein per il nom dil genus u della specia. Aschia di ins p. e. „J e u h a i m a g l i a u d u s m é l s, j e u h a i m a g l i a u e n z a c o n t s p é r s; mo era: J e u h a i c o m p r a u m é l a, j e u h a i v e n d i u p é r a etc. senza determinar pli de maneivel il quantum ne il diember. Era en il cass, che il quantum vegn indicaus entras ina fixa mesira, salvan quels substantivs lur plural cun forma dil singular. Ins di pia era: „vender dua stera p é r a“ etc.

Era las finiziuns „**ens**“ et „**uns**“ vegnen avon en il plural, sco p. e. *igl um, ils umens*, la *matta*, las *mattauns*. etc.

Declinaziun dil substantiv senza igl artichel.

Singular.

	Masculin.	Feminin	Noms propris.
Nom.	frar.	sora.	Gion. — Maria.
Gen.	*de* frar.	*de* sora.	*de* Gion. — *de* Maria.
Dat.	*a* frar.	*a* sora.	*a* Gion. — *a* Maria.
Acc.	frar.	sora.	Gion — Maria.

Plural

Nom.	frars.	soras.	Noms propris vegnen
Gen.	*de* frars.	*de* soras	buca dovrai en il
Dat.	*a* frars.	*a* soras.	plural.
Acc.	frars	soras.	

Entschevess il substantiv cun in vocal. sche vegness ei, sco ei gliei vegniu remarcau sura, declinau en il genitiv e dativ: *ded um, ad um,* ne in substantiv de pliras silbas: *d'advocat, ad advocat* etc.

Declinaziun dil substantiv cun igl artichel definit.

Singular.

	Masculin.	Feminin.
Nom.	il bab, igl ors	la casa, l'insla.
Gen.	dil bab, digl ors.	della casa, dell' insla.
Dat.	al bab, agl ors.	alla casa, all' insla.
Acc.	il bab, igl ors.	la casa, l'insla.

Plural.

Nom.	ils babs, ils ors.	las casas, las inslas.
Gen.	dils babs, dils ors.	dellas casas, dellas inslas.
Dat.	als babs, als ors.	allas casas, allas inslas.
Acc.	ils babs, ils ors.	las casas, las inslas.

Declinaziun dil substantiv cun igl artichel indefinit.

Singular.

Nom.	in figl, in pér.	ina figlia, in' erva. *)
Gen.	din figl, din pér.	dina figlia, din' erva
Dat.	ad in figl, ad in pér.	ad ina figlia, ad in' erva.
Acc.	in figl, in pér.	ina figlia, in' erva.

* Ei sa era vegnir apostrophau tier igl artichel indefinit feminin, cura ch'il suondont plaid entscheiva cun in vocal. Ins dovei denton mai esser memia liberals cun igl apostrophar.

Plural (senza artichel)

	Masculin.	Feminin.
Nom.	figls, péra.	figlias, ervas.
Gen.	*de* figls, *de* péra	*de* figlias, *ded* ervas (d'ervas).
Dat.	*a* figls, *a* péra.	*a* figlias, *ad* ervas.
Acc.	figls, péra	figlias, ervas.

Sur il plural dils substantivs eis ei aunc de remarcar il suondont. Finescha in substantiv en il singular sin „s“, sche prenda el si en il plural aunc in „s“; mo ha el en il singular dus „s“, sco p. e il „pass“, ne stat in auter consonant avon igl „s“, sco p. e.igl „ors“, sche prenda in tal substantiv si negin „s“ en il plural. Ins scriva pia: il *pass*, ils *pass*, igl *ors*, ils *ors* etc.

Il substantiv „pur“ sa era far en il plural „puraglia“, enstagl „purs“; el vegn dovraus en quella forma, cura ch'ins vul plidar della cloma purila Ei dat aunc plirs substantivs, ils quals san midar en quei senn lur forma dil plural, sco: *mattatsch, mattatscha — mattaneglia; buegl, bueglia; isegl, iseglia; utschi, utschleglia; verm (verms) — vermaneglia.* etc.

Pensums.

1. Pensum. Declinei ils substantivs „culm, plonta, manti, pass, uaul, via, ala, viss, pom“ senza igl artichel!

2. Pensum. Declinei ils substantivs „codisch, iert, mund, flum (fluss), femna, matta, ura, art, progress“ cun igl artichel definit!

3. Pensum. Declinei ils substantivs „cunti, aungel, crap (crapp), duna, guila, acla“ cun igl artichel indefinit!

4. Pensum. Encuri si en la lectura ded oz ils substantivs, et indichei en qual numer et en qual casus ch'els stattan! (De repeter savens).

5. Pensum. Fagiei 4 construcziuns cun il substantiv „affon“, e tschentei quel en mintga construcziun en in auter casus, igl emprim en il nominativ, suenter en il genitiv, dativ et accusativ! (De repeter cun auters substantivs).

Igl adjectiv vegn dovraus, sco ei gliei vegniu allegau en igl emprim curs, sco attribut ne sco predicat. En omisdus cass ei el suttaposts a midadas concernent las finiziuns dil genus. Sereferescha in adjectiv predicativ sin in substantiv masculin, sche prenda sia forma normala u infinitiva aunc si in „s“ e resta era aschia en il plural; mo sereferescha el sin in substantiv feminin, sche prenda el si en il singular in „a“ et en il plural aunc in „s“, aschia che la finiziun dil plural ei „as“. Exempels. „Il culm ei aults; la planira ei bassa; ils culms ein aults; las planiras ein bassas. etc.

Quei che pertegn tier la declinaziun digl adjectiv attributiv, sche vegn quel declinaus giest sco il substantiv. Stat igl adjectiv tier in substantiv masculin, sche ha el en il singular sia finiziun normala, mo tier in substantiv feminin prenda el aunc si in „a“; p. e grond um, capi mellen; gronda femna, flur alva. En omisdus genus prenda el si en il plural aunc in „s“, pia: gronds umens, capels mellens; grondas femnas, flurs alvas etc. Ils artichels e las preposiziuns „de“ et „a“ setegnen a riguard igl apostrophar tier igl adjectiv vid las medemas reglas, sco tier ils substantivs.

Declinaziun digl adjectiv senza igl artichel.

Singular.

	Masculin.	Feminin.
Nom.	grond, alv.	gronda, alva.
Gen.	*de* grond, *ded* alv.	*de* gronda, *ded* alva (d'alva).
Dat.	*a* grond, *ad* alv.	*a* gronda, *ad* alva.
Acc.	grond, alv.	gronda, alva.

Plural.

Nom	gronds, alvs.	grondas, alvas.
Gen.	*de* gronds, *ded* alvs.	*de* grondas, *ded* alvas (d'alvas).
Dat.	*a* gronds, *ad* alvs.	*a* grondas, *ad* alvas.
Acc	gronds, alvs.	grondas, alvas.

Declinaziun digl adjectiv cun igl artichel definit et indefinit.

Singular.

	Masculin.	Feminin.
Nom.	il ferm, in pietus.	la ferma, ina pietusa.
Gen.	dil ferm, din pietus.	della ferma, dina pietusa.
Dat.	al ferm, ad in pietus.	alla ferma, ad ina pietusa.
Acc.	il ferm, in pietus.	la ferma, ina pietusa.

Plural.

	Masculin.	Feminin.
Nom.	ils ferms, pietus.	las fermas, pietusas.
Gen.	dils ferms, *de* pietus.	dellas fermas, *de* pietusas.
Dat.	als ferms, *a* pietus.	allas fermas, *a* pietusas.
Acc.	ils ferms, pietus.	las fermas, pietusas.

Ils numerals vegnen era declinai sco ils adjectivs; il genitiv vegn exprimius cun „de", il dativ cun „a"; ils numerals sezs restan en tuts casus immutabels. Il genus vegn tier ils numerals cardinals indicaus mo tier „in, ina"; „dus, duas." Tier ils numerals ordinals e gienerals u indefinits vegn il genus indicaus tras las medemas finiziuns, sco tier igl adjectiv; p. e. il second, la seconda, il terz, la terza; plirs, pliras; enzaconts, enzacontas; biars, biaras etc. „In" et „ina" vegnen declinai sco igl artichel indefinit.

Declinaziun dils numerals cardinals.

	Masculin.	Feminin	Mascul. e Femin.	
Nom.	dus,	duas	treis,	otg.
Gen.	*de* dus,	*de* duas	*de* treis,	*ded* otg.
Dat.	*a* dus,	*a* duas	*a* treis,	*ad* otg
Acc.	dus,	duas	treis,	otg

Declinaziun dils numerals ordinals.

Singular.

	Masculin.	Feminin.	Masculin.	Feminin.
Nom.	il terz,	la terza.	igl otgavel,	l'otgavla.
Gen.	dil terz,	della terza.	digl otgavel,	dell' otgavla.
Dat	al terz,	alla terza.	agl otgavel,	all' otgavla.
Acc.	il terz,	la terza.	igl otgavel,	l'otgavla.

Plural. *)

Nom.	ils terzs,	las terzas.	ils otgavels,	las otgavlas.
Gen.	dils terzs,	dellas terzas.	dils otgavels,	dellas otgavlas.
Dat.	als terzs,	allas terzas.	als otgavels,	allas otgavlas.
Acc.	ils terzs,	las terzas.	ils otgavels,	las otgavlas.

* Ils numerals ordinals vegnen ordinariamein buca dovrai en il plural; els han mo en ina significaziun in plural.

Declinaziun dils numerals indefinits u gienerals.

	Singular.		*Plural*	
	Masculin.	Feminin.	Masculin.	Feminin.
Nom.	bia,	biara.	biars,	biaras.
Gen.	*de* bia,	*de* biara.	*de* biars,	*de* biaras.
Dat.	*a* bia,	*a* biara.	*a* biars,	*a* biaras.
Acc.	bia.	biara.	biars,	biaras.

La declinaziun digl adjectiv e numeral ei la medema, els stettien persuls, ne tier in substantiv!

Pensums.

6. Pensum. Declinei ils adjectivs „ner, fleivel, amicabel, engrazieivel, lavurus“ senza igl artichel et en omisdus genus!

7. Pensum. Declinei ils sequents adjectivs cun igl artichel, che stat avon els! Igl attent, l'attenta; il leger, la legra; in selvadi, ina selvadia; in ver, ina vera.

8. Pensum. Declinei ils numerals „diesch, igl emprim, l'emprima; pli, plira; entgin, entgina“!

9. Pensum. Declinei: „in bun (bien) pastur, ina buna sera, igl ault culm, il curaschus um, l'attenta scolara, la flur passa, il tschiel serein“;

10. Pensum. Declinei: „enzacontas plontas, biars affons, paucs amitgs, pliras baselgias, tut il pievel, tutta buna raschun“!

11. Pensum. Encuri si en la lectura ded oz tut ils substantivs, che han in adjectiv attributiv, ne in numeral avon ne immediat suenter els, et indichei il numer et il casus de quels!

§ 3. La declinaziun dil pronom. *)

Declinaziun dils pronoms personals.

Singular

	1 persun.	2 persun.	3 persun. masc.	feminin.
Nom.	jeu **)	ti	el	ella.
Gen.	*de* mei	*de* tei	*ded* el	*ded* ella.
Dat.	*a* mi	*a* ti	*ad* el	*ad* ella.
Acc.	mei	tei	el	ella.

Plural.

Nom.	nus	vus	els	ellas.
Gen.	*de* nus	*de* vus	*ded* els	*ded* ellas.
Dat.	*a* nus	*a* vus	*ad* els	*ad* ellas.
Acc.	nus	vus	els	ellas.

Ils pronoms „ei" et „ins" vegnen buca declinai.

Declinaziun dils pronoms possessivs.

Singular.

	Masculin.	Feminin.
Nom.	miu, tiu, siu	mia, tia, sia.
Gen.	*de* miu, *de* tiu, *de* siu.	*de* mia, *de* tia, *de* sia.
Dat.	*a* miu, *a* tiu, *a* siu.	*a* mia, *a* tia, *a* sia.
Acc.	miu, tiu, siu.	mia, tia, sia

Plural.

Nom.	mes, tes, ses.	mias, tias, sias
Gen.	*de* mes, *de* tes, *de* ses.	*de* mias, *de* tias, *de* sias.
Dat.	*a* mes, *a* tes, *a* ses.	*a* mias, *a* tias, *a* sias.
Acc.	mes, tes, ses.	mias, tias, sias.

---

* Tuttas declinaziuns dils pronoms ston vegnir empridas exactamein a memoria

** Savens vegn ei tier il pronom personal „jeu" aunc mess vitier „mez". Lu vegn quel declinaus·

	Singular.	Plural.
Nom.	jeu mez	nus sezs.
Gen.	de memez.	de nus sezs.
Dat.	a memez.	a nus sezs.
Acc.	memez	nus sezs.

Co declinescha ins pia era „ti tez, el sez, ella sezza, vus sezs, els sezs, ellas sezzas"?

Singular.

	Masculin. *)	Feminin.
Nom.	nos, vos, lur.	nossa, vossa, lur.
Gen.	*de* nos, *de* vos, *de* lur.	*de* nossa, *de* vossa, *de* lur.
Dat.	*a* nos, *a* vos, *a* lur.	*a* nossa, *a* vossa, *a* lur.
Acc.	nos, vos, lur.	nossa, vossa, lur.

Plural.

Nom.	noss, voss, lur.	nossas, vossas, lur
Gen.	*de* noss, *de* voss, *de* lur.	*de* nossas, *de* vossas, *de* lur.
Dat.	*a* noss, *a* voss, *a* lur.	*a* nossas, *a* vossas, *a* lur.
Acc.	noss, voss, lur.	nossas. vossas, lur.

Declinaziun dils pronoms demonstrativs e determinativs.

Singular.

	Masculin.	Feminin.
Nom.	quest, quel, lez.	questa, quella, lezza.
Gen	*de* quest, *de* quel, *de* lez.	*de* questa, *de* quella, *de* lezza.
Dat.	*a* quest, *a* quel, *a* lez.	*a* questa, *a* quella, *a* lezza.
Acc.	quest, quel, lez.	questa, quella, lezza.

Plural.

Nom.	quests, quels, ils ezs.	questas, quellas, las ezzas.
Gen.	*de* quests, *de* quels, dils ezs.	*de* questas, *de* quellas, dellas ezzas.
Dat	*a* quests, *a* quels, als ezs.	*a* questas, *a* quellas, allas ezzas.
Acc.	quests, quels, ils ezs.	questas, quellas, las ezzas.

Aschia vegnen era ils auters pronoms demonstrativs e determinativs declinai. Ei gliei cheu aunc de remarcar, che la forma genitiva de „quel" vegn beinduras era tschentada per in nominativ, sco ils suodonts exempels mussan. Exempels: De quellas plontas (nominativ) creschan savens sin noss culms. A de quels umens (dativ) sto ins demussar respect. Ins anfla de quellas flurs (accusativ) mo en orts beincultivai.

De de quella glieut (genitiv) sto ins sepertgirar. Quella forma dil genitiv vegn quasi mai dovrada aschia.

---

* En la gronda part della Surselva di ins en il sigular „nies, vies" enstagl „nos" e „vos", mo quei ei buc endretg. Schinavon sco tonatont la gronda part dils Romonschs di: „nos" e „vos", sche havein nus era salvau quellas formas, ch'ein era pli bellas e pli giestas.

Declinaziun dils pronoms iterrogativs e relativs.

Singular.

Nom.	tgi?	tgei?	Quels dus pronoms han negin plural. Cun „tgi?“ demonda ins suenter persunas, cun „tgei?“ suenter caussas.
Gen.	*de* tgi?	*de* tgei?	
Dat.	*a* tgi?	(negin dat.)	
Acc.	tgi?	tgei?	

Singular.

	Masculin.	Feminin.
Nom.	qual, il qual.	quala, la quala.
Gen.	*de* qual, dil qual.	*de* quala, della quala.
Dat.	*a* qual, al qual.	*a* quala, alla quala.
Acc.	qual, il qual.	quala, la quala.

Plural.

Nom.	quals, ils quals.	qualas, las qualas.
Gen.	*de* quals, dils quals.	*de* qualas, dellas qualas.
Dat.	*a* quals, als quals.	*a* qualas, allas qualas.
Acc.	quals, ils quals.	qualas, las qualas.

„Che“ stat per pronom relativ mo en il nominativ et accusativ singular ne plural.

Pensums.

12. Pensum. Encuri si en la lectura ded oz tut ils pronoms personals, et indichei il numer et il casus de quels!

13. Pensum. Encuri si en la lectura ded oz ils pronoms possessivs, et indichei il numer e casus de quels!

14. Pensum. Encuri si en Nr. . . dil codisch de legier ils pronoms demonstrativs e determinativs et indichei il numer e casus de quels!

15. Pensum Encuri si en Nr. . . dil codisch de legier ils pronoms interrogativs et indichei il numer e casus de quels!

16. Pensum. Encuri si en la lectura ded oz ils pronoms relativs et dei en il numer e casus de quels!

17. Pensum. Legi (legiei) en vos codisch de legier Nr. . aschia, che tuttas construcziuns serefereschan *a*) sin l'emprima persuna dil singular; *b*) sin la seconda persuna dil singular; *c*) sin la terza persuna dil singular! (Aschia era sin las diversas persunas dil plural. Tier la terza persuna dil singular e plural sto era aunc il genus vegnir riguardaus. Quest exercezi dovei vegnir repetius tier adequatta lectura).

18. Pensum. Fagiei 20 construcziuns, en las qualas tut las diversas specias de pronoms vegnen avon en ina ne lautra construcziun, en in ne en lauter casus! (Quest pensum sa vegnir dividius en plirs exercizis).

§ 4. La comparaziun e gradaziun digl adjectiv.

Vegn ei attribuiu a duas persunas ne a duas caussas la medema qualitat, sche sa ins metter quellas en comparaziun ina cun lautra e lura distinguer, a quala de quellas persunas ne caussas quella qualitat appertegn en in pli ault grad. Di ins p. e. „Il crest ei aults", et „il culm ei aults", sche sa ins cheu metter en comparaziun quels dus object a riguard ur altezia. Anfla ins, che in de quels sedistingua de lauter tras pli gronda altezia, sche vegn igl adjectiv „gradaus", e quei daventa tras il plaid „pli". Preferin nus l'altezia dil culm a quella dil crest, sche exprimin nus quei en relaziun sin la qualitat dil crest sco suonda. Ins di: „'l crest ei aults", (mo) „il culm ei pli aults".

Vegn la Qualitat exprimida senza relaziun sin in auter object, sche nomna ins sia forma la forma **positiva, il positiv**; mo vegn igl adjectiv gradaus sco en igl exempel antecedent, sche nomna ins sia forma la forma **comparativa, il comparativ.**

Vegn ei tier la comparaziun aunc priu in terz object e dau a quel la preferenza a riguard la qualitat communala, sche vegn quei grad exprimius cun il plaid „**pli**" cun igl artichel, pia „**il pli**" tier substantivs masculins, „**la pli**" tier substantivs feminins, e quella forma nomna ins la forma **superlativa**, il „**superlativ**. Exempels:

Positiv.	Comparativ.	Superlativ.
grond, gronda;	pli grond, pli gronda;	il pli grond, la pli gronda.
vegl, veglia;	pli vegl, pli veglia;	il pli vegl, la pli veglia.
ferm, ferma;	pli ferm, pli ferma;	il pli ferm, la pli ferma.

Quella gradaziun digl adjectiv vegn avon tier igl adjectiv predicativ e tier igl adjectiv attributiv.

Gradaziun digl adjectiv predicativ.

Positiv. La casa ei aulta; il fier ei grevs.
Compar. La baselgia ei pli aulta; il plum ei pli grevs.
Superl. La tor ei la pli aulta; igl aur ei il pli grevs.

Sch'ins di pia en il comparativ: „la baselgia ei pli aulta“ sche pertratga ins aunc vitier in auter object, p. e. „la baselgia ei pli aulta, che la casa“ Il medem eis ei era cun il superlativ. p. e. „igl aur ei il pli grevs de tut ils metalls; la tor ei il pli ault bagetg de tuts“. etc.

Gradaziun digl adjectiv attributiv,

a) che stat avon il substantiv.

Positiv. Igl obedeivel affon; la perderta giuvna.
Compar. Igl affon pli obedeivel; la giuvna pli perderta.
Superl. Il pli obedeivel affon; la pli perderta giuvna.

b) che stat suenter il substantiv.

Positiv. Igl um vegl; l'aria fresca.
Compar. Igl um pli vegl; l'aria pli fresca.
Superl. Igl um, il pli vegl; l'aria, la pli fresca.

Il comma avon il superlativ sa era vegnir schaus naven.

Irregolars en la gradaziun ein: bun (bien), buna; schliet (schliats, schliata). Quels vegnen gradai:

Positiv.	Comparativ.	Superlativ
bun, buna;	meglier, megliera;	il meglier, la megliera.
schliet, schliata;	mender, mendera;	il mender, la mendera.

Era ils adverbs adjectivics vegnen gradai sco ils adjectivs. Exempels:

Positiv.	Comparativ	Superlativ.
bea;	pli;	il pli.
pauc;	pli pauc;	il pli pauc, (il pauc).
bi:	pli bi;	il pli bi
bugien;	pli bugien;	il pli bugien. etc.

Dovei ina qualitat u proprietat vegnir attribuida ad ina persuna ne caussa en in ault grad senza comparaziun, sche vegn quei exprimiu tras adverbs, ne tier entgins adjectivs era tras la finiziun „issim“. P. e. „Questa giuvna ei fitg modesta e honesta; siu frar ei zun ferms; la legria dil pievel ei grondissima; quest um posseda ina grondissima facultat;

il colibri ei in bellissim utschi. etc. Aschia era: „perdert - perdertissim, sabi - sapientissim, pauper - pauperissim etc.

Pensums.

19. Pensum. Encuri si en la lectura ded oz ils adjectivs, et indichei la gradaziun de quels! (De repeter).

20. Pensum. Fagiei 12 construcziuns, las qualas contegnen adjectivs en il comparativ!

21. Pensum. Fagiei 10 construcziuns, en las qualas igl adjectiv compara en il superlativ!

II. Secziun.

Las conjugaziuns.

§ 5. Caussas gieneralas sur la flexiun dil verb.

La flexiun dil verb ei bia pli riha, che la declinaziun dils substantivs e dils auters plaids flexibels. Tier il verb distingua ins

1) Las persunas. Ei dat nomnadamein treis persunas,
   a) la persuna plidonta (che plaida) „jeu“ - l'emprima persuna;
   b) la persuna appelativa (enconter ne tier la quala ei vegn plidau) „ti“ - la seconda persuna;
   c) la persuna compellativa (dalla quala ei vegn plidau), el, ella, ei, (ins) - la terza persuna.
2) Il numer. Ils verbs han, sco ils substantivs, in numer singular et in numer plural; p. e. el conta, els contan. Ins ha pia era per il plural treis persunas, sco en il singular. Qualas?
3) La forma. Ei dat duas formas (genera), nomnadamein ina forma activa et ina forma passiva. La concernenta explicaziun suonda pli tard.

4) *)Las modas (modus, modi). Il lungatg romonsch distingua
a) ina moda indicativa;
b) ina moda conjunctiva;
c) ina moda condizionala (directa et indirecta);
d) ina moda imperativa.

5) Ils temps. Il verb ha sis temps,
a) in temps present (presens);
b) in temps mez vargau (imperfect);
c) in temps vargau (perfect);
d) in temps vargau e finiu (plusquamperfect);
e) in temps, che ha de vegnir, (futur);
f) in temps futur passau (futur passau).

6) Dus particips adjectivics, nomnadamein in particip activ dil temps present (particip presens), et in particip dil temps passau (particip passau).

7) Igl infinitiv, in infinitiv activ et in infinitiv passiv.

§ 6. Conjugaziun dils verbs auxiliars.

Infinitiv: „haver“.

Presens.

Moda indicativa.	Moda conjunctiva.
Jeu hai	Jeu hagi
ti has	ti hagies
el ha.	el hagi.
Nus haveiu	Nus haveien
vus haveis	vus haveies
els han.	els hagien.

Imperfect.

Moda indicativa.	Moda conjunctiva.
Jeu haveva	Jeu havevi
ti havevas	ti havevies
el haveva.	el havevi.
Nus havevan	Nus havevien
vus havevas	vus havevies
els havevan.	els havevien.

*) L'explicaziun dellas formas vegn dada en § 8 L'explicaziun dellas modas e dils temps suonda en ils §§ 10 et 11. Ils scolars emprendan igl emprim practicamein las conjugaziuns, e suenter vegn ei emprovau, de far capeivel ad els la significaziun, l'importonza et il diever dellas modas e dils temps.

Perfect.

Jeu hai	giu.	Jeu hagi	giu.
ti has		ti hagies	
el ha		el hagi	
Nus havein		Nus haveien	
vus haveis		vus haveies	
els han		els hagieu	

Plusquamperfect.

Jeu haveva*)	giu.	Jeu havevi	giu.
ti havevas		ti havevies	
el haveva		el havevi	
Nus havevan		Nus havevien	
vus havevas		vus havevies	
els havevan		els havevien	

Futur.

Jeu vegn	a haver.	Jeu vegni	a haver.
ti vegnes		ti vegnies	
el vegn		el vegni	
Nus vegnin		Nus vegnieu	
vus vegnis		vus vegnies	
els vegnen		els vegnien	

Futur passau.

Jeu vegn	a haver giu.	Jeu vegni	a haver giu.
ti vegnes		ti vegnies	
el vegn		el vegni	
Nus vegnin		Nus vegnien	
vus vegnis		vus vegnies	
els vegnen		els vegǹien	

Moda condizionala

Presens.

directa.	indirecta.
Jeu havess	Jeu havessi
ti havesses	ti havessies
el havess.	el havessi.
Nus havessen	Nus havessien
vus havesses	vus havessies
els havessen.	els havessien.

*) Ina gronda part Romonschs plaida 'e scriva: „jeu havevel, jeu havevel giu. jeu havessel giu". Nus cartein denton, che quella finiziun „el" sei tuttavia buca giesta. En igl imperfect havein nus pertut tschentau la finiziun „a" per l'emprima persuna, sco quel che quella finiziun ei

Temps passau

Jeu havess	giu.	Jeu havessi	giu.
ti havesses		ti havessies	
el havess		el havessi	
Nus havessen		Nus havessien	
vus havesses		vus havessies	
els havessen		els havessien	

Futur.

Jeu vegness	a haver.	Jeu vegnessi	a haver.
ti vegnesses		ti vegnessies	
el vegness		el vegnessi	
Nus vegnessen		Nus vegnessien	
vus vegnesses		vus vegnessies	
els vegnessen		els vegnessien	

Futur passau.

Jeu vegness	a haver giu.	Jeu vegnessi	a haver giu.
ti vegnesses		ti vegnessies	
el vegness		el vegnessi	
Nus vegnessen		Nus vegnessien	
vus vegnesses		vus vegnessies	
els vegnessen		els vegnessien	

Moda imperativa.

hagies (ti).
haveies (vus)
hagien (Els).

Particip

present: havent.
passau: giu

Infinitiv: „esser“.

Presens.

Mod. indic.	Mod. conjunct.
Jeu sun	Jeu sei
ti eis	ti seies
el ei.	el sei
Nus essen	Nus seien
vus esses	vus seies
els ein.	els seien.

---

era schiglioc usitada En il **presens condizional** havein nus schau naven dil tut quella finiziun, pia „**jeu havess**“, e buca „**jeu havessel**“ Tier la conjugaziun dils verbs regolars havein nus en il **presens** tenu la finiziun „**el**“, havend denton la persvasiun, ch'ella sei ne bella ne giesta la' autra remarca a siu liuc

Imperfect.

Jeu era, jeu fuva	Jeu eri, jeu fuvi
ti eras, ti fuvas	ti eries, ti fuvies
el era, el fuva	el eri, el fuvi
Nus eran, nus fuvan	Nus erien, nus fuvien
vus eras, vus fuvas	vus eries, vus fuvies
els eran, els fuvan.	els erien, els fuvien

Perfect.

Jeu sun		Jeu sei	
ti eis	staus.	ti seies	staus.
el ei		el sei	
Nus essen		Nus seien	
vus esses	stai.	vus seies	stai.
els ein		els seien	

Plusquamperfect.

Jeu era		Jeu eri	
ti eras	staus.*)	ti eries	staus.
el era		el eri	
Nus eran		Nus erien	
vus eras	stai.	vus eries	stai.
els eran		els erien	

Futur.

Jeu vegn		Jeu vegni	
ti vegnes		ti vegnies	
el vegn		el vegni	
Nus vegnin	ad esser.	Nus vegnien	ad esser.
vus vegnis		vus vegnies	
els vegnen		els vegnien	

Futur passau.

Jeu vegn		Jeu vegni	
ti vegnes	ad esser staus.	ti vegnies	ad esser staus.
el vegn		el vegni	
Nus vegnin		Nus vegnien	
vus vegnis	ad esser stai.	vus vegnies	ad esser stai.
els vegnen		els vegnien	

---

*) Era. Jeu fuva staus etc Nus fuvan stai etc. Jeu fuvi staus etc. Nus fuvien stai etc Quei fuva etc fuvi etc. sa en tuttas conjugaziuns, che drovan il verb auxiliar esser, vegnir dovraus en il plusquamperfect. Il scolast fetgi pertut attents ils scolars sin quei.

Moda condizionala

Presens.

directa.	indirecta.
Jeu fuss	Jeu fussi
ti fusses	ti fussies
el fuss.	el fussi.
Nus fussen	Nus fussien
vus fusses	vus fussies
els fussen.	els fussien.

Temps passau.

Jeu fuss		Jeu fussi	
ti fusses	staus.	ti fussies	staus.
el fuss		el fussi	
Nus fussen		Nus fussien	
vus fusses	stai.	vus fussies	stai.
els fussen		els fussien	

Futur.

Jeu vegness		Jeu vegnessi	
ti vegnesses		ti vegnessies	
el vegness		el vegnessi	
Nus vegnessen	ad esser.	Nus vegnessien	ad esser.
vus vegnesses		vus vegnessies	
els végnessen		els vegnessien	

Futur passau.

Jeu vegness		Jeu vegnessi	
ti vegnesses	ad esser staus.	ti vegnessies	ad esser staus.
el vegness		el vegnessi	
Nus vegnessen		Nus vegnessien	
vus vegnesses	ad esser stai.	vus vegnessies	ad esser stai.
els vegnessen		els vegnessien	

Moda imperativa.

Seies (ti).
Seies (vus)
Seien (Els).

Particip

present: essent.
passau: stau.

Infinitiv: „vegnir".

Presens.

Mod. indic.	Mod. conjunct.
Jeu vegn	Jeu vegni
ti vegnes	ti vegnies
el vegn.	el vegni.
Nus vegnin	Nus vegnien
vus vegnis	vus vegnies
els vegnen	els vegnien.

Imperfect.

Jeu vegneva	Jeu vegnevi
ti vegnevas	ti vegnevies
el vegneva.	el vegnevi.
Nus vegnevan	Nus vegnevien
vus vegnevas	vus vegnevies
els vegnevan	els vegnevien.

Perfect.

Jeu sun ti eis el ei	vegnius.	Jeu sei ti seies el sei	vegnius.
Nus essen vus esses els ein	vegnii.	Nus seien vus seies els seien	vegnii.

Plusquamperfect.

Jeu era ti eras el era	vegnius.	Jeu eri ti eries el eri	vegnius.
Nus eran vus eras els eran	vegnii.	Nus erien vus eries els erien	vegnii.

Futur.

Jeu vegn ti vegnes el vegn Nus vegnin vus vegnis els vegnen	á vegnir.	Jeu vegni ti vegnies el vegni Nus vegnien vus vegnies els vegnien	a vegnir.

Futur passau.

Jeu vegn
ti vegnes } ad esser vegnius.
el vegn
Nus vegnin
vus vegnis } ad esser vegnii.
els veguen

Jeu vegni
ti vegnies } ad esser vegnius
el vegni
Nus vegnien
vus vegnies } a d esser vegnii.
els vegnien

Moda condizionala

Presens.

directa.

Jeu vegness
ti vegnesses
el vegness.
Nus vegnessen
vus vegnesses
els vegnessen.

indirecta.

Jeu vegnessi
ti vegnessies
el vegnessi.
Nus vegnessien
vus vegnessies
els vegnessien.

Temps passau.

Jeu fuss
ti fusses } vegnius.
el fuss
Nus fussen
vus fusses } vegnii.
els fussen

Jeu fussi
ti fussies } vegnius.
el fussi
Nus fussien
vus fussies } vegnii.
els fussien

Futur.

Jeu vegness
ti vegnesses
el vegness
Nus vegnessen } a vegnir.
vus vegnesses
els vegnessen

Jeu vegnessi
ti vegnessies
el vegnessi
Nus vegnessien } a vegnir.
vus vegnessies
els vegnessien

Futur passau.

Jeu vegness
ti vegnesses } ad esser vegnius.
el vegness
Nus vegnessen
vus vegnesses } ad esser vegnii.
els vegnessen

Jeu vegnessi
ti vegnessies } ad esser vegnius.
el vegnessi
Nus vegnessien
vus vegnessies } ad esser vegnii.
els vegnessien

Moda imperativa.

Vegnies (ti)
Vegnies (vus)
Vegnien (Els).

Particip

present: vegnent.
passau: vegniu.
(vegnius, vegnida).

Pensums. *)

22. Pensum. Encuri si en la lectura ded oz il verb auxiliar „haver“ (nua ch'el stat en negina connexiun cun auters verbs), et indichei la persuna, il numer, il temps e la moda!

23. Pensum. Encuri si en Nr. . . dil codisch de legier il verb auxiliar „esser“ (nua ch'el stat en relaziun cun adjectivs e buca cun verbs), et indichei medemamein la persuna, il numer, il temps e la moda!

24 Pensum. Tschentei las construcziuns: „Il carstgaun ha ina vita; il pomèr ha roma“, en ils divers temps e las diversas modas! (De repeter cun autras semeglionlas construcziuns, era en il plural).

25. Pensum. Tschentei las construcziuns: „La sora ei malsauna; il frar ei in giuven“, en ils divers temps e las diversas modas! (De repeter).

26. Pensum. Tschentei las construcziuns: „Il mat vegn in um; il brumbel vegn ina flur“, en ils divers temps e las diversas modas! (Semeglionts pensums ein de repeter tenor basegns).

§ 7. Conjugaziun dils verbs regolars. Forma activa.

a) Ils verbs sin „ar“.

Infinitiv: „sunar“.

Presens.

Moda indicativa.	Moda conjunctiva.
Jeu sunnel	Jeu sunni
ti sunnas	ti sunnies
el sunna.	el sunni.
Nus sunein	Nus suneien
vus suneis	vus suneies
els sunnan.	els sunnien.

*) Las conjugaziuns dils verbs auxiliars, sco era las suondontas conjugaziuns, ston vegnir empridas exactamein a memoria, et il scolar sto saver scriver quellas ord il tgau, senza far ina errur. Ils presents pensums sa e dovei ins dar si als scolars, avon che l'entira conjugaziun dils verbs auxiliars sei vegnida tractada, riguardont mintga mai mo quei, ch'ei vegnin avon en l'instrucziun.

Imperfect.

Jeu sunava	Jeu sunavi
ti sunavas	ti sunavies
el sunava.	el sunavi.
Nus sunavau	Nus sunavien
vus sunavas	vus sunavies
els sunavan.	els sunavien.

Perfect.

Jeu hai	sunau.	Jeu hagi	sunau.
etc.		etc.	
Nus havein		Nus haveien	
etc.		etc.	

Plusquamperfect.

Jeu haveva	sunau.	Jeu havevi	sunau.
etc.		etc.	
Nus havevan		Nus havevien	
etc.		etc.	

Futur.

Jeu vegn	a sunar.	Jeu vegni	a sunar.
etc.		etc.	
Nus vegnin		Nus vegnien	
etc.		etc.	

Futur passau.

Jeu vegn	a haver sunau.	Jeu vegni	a haver sunau.
etc.		etc.	
Nus vegnin		Nus vegnien	
etc.		etc.	

Moda condizionala

Presens.

directa.	indirecta.
Jeu sunass	Jeu sunassi
ti sunasses	ti sunassies
el sunass.	el sunassi.
Nus sunassen	Nus sunassien
vus sunasses	vus sunassies
els sunassen.	els sunassien.

Temps passau.

Jeu havess	sunau.	Jeu havessi	sunau.
etc.		etc.	
Nus havessen		Nus havessien	
etc.		etc.	

Futur.

Jeu vegness etc Nus vegnessen etc.	a sunar.	Jeu vegnessi etc. Nus vegnessien etc.	a sunar.

Futur passau.

Jeu vegness etc. Nus vegnessen etc.	a haver sunau.	Jeu vegnessi etc. Nus vegnessien etc.	a haver sunau.

Moda imperativa.	Particip
Suuna (ti)	present: sunont.
Sunei (vus)	passau: sunau.
Sunnien (Els).	

Observaziuns.

1) Per l'emprima persuna dil singular havein nus salvau la finiziun „el“ en il presens tier ils verbs regolars de tuttas conjugaziuns. Nus havein denton la persvasiun, che quella finiziun sei buca giesta. Ina fitg gronda part dils Romonschs lai cun megliera raschun naven dil tut quella finiziun; ins plaida e scriva p. e. „Jeu **scriv**, jeu **lavur**, jeu **finesch**, jeu **vend**“ etc. e buca: „Jeu scrivel, jeu lavurel, jeu fineschel, jeu vendel. Nus proponin denton, de prender si in „**a**“ per l'emprima persuna dil presens, pia de scriver: „Jeu **scriva**, jeu **lavura**, jeu **finescha**, jeu **venda**“. L'oreglia sendisa gleiti vid quella midada, che selai franc era plitost giustificar, che la finiziun „el“. Zun absurd eis ei, d'applicar „el“ tier ils verbs auxiliars, sco p. e. „jeu sundel, jeu haiel“ etc.

2) Tier ils verbs regolars de tuttas conjugaziuns observa, che il vocal „**a**“ regia en la seconda e terza persuna singular et en la terza persuna plural dil temps present, et en tuttas finiziuns digl imperfect indicativ. En las finiziuns dil conjunctiv e dil condizional vegn igl „**a**“ mai avon, leu dominescha igl „**e**“.

3) La pronunzia garegia savens, mo buc adina, ch'ils consonants **n, m, l, c, z, p, e t** ston vegnir dubelai en tuttas treis persunas dil singular et en la terza persuna dil plural en il presens, cura ch'els stattan en igl infinitiv persuls denter la

finiziun verbiala et in auter simpel vocal, sco p. e. tunar - ei **tunna**; temèr - els **temman**; calar - els **callan**; tuccar - ei **tucca**; mezar - el **mazza**; sdrapar - jeu **sdrappel** etc. Vegn ei avon en igl infinitiv consonants dubelai, sche salva ins quels tras tuttas formas; p. e. **mussar** tegn ils dus „s" en tuttas persunas e modas et en tuts temps. Suenter in auter consonant ne suenter in diphtong (vocal dubel) vegn ei en las conjugaziuns mai dubelau in consonant.

4) Nua ch'ei stat en igl infinitiv avon la finiziun „ar" in „g", sco en „**pagar, cargar**", il qual dovei era esser dirs en il conjunctiv, valla la regla: „Ei il „g" dirs en igl in finitiv, sche vegn el era pronunziaus ora dirs en il conjunctiv avon in „i". Nus fagiein pia negins extrasigns en quels paucs cass d'excepziun, per indicar il g secc avon „i".

Pensums.

27. Pensum. Ecuri si en la lectura ded oz ils verbs sin „ar", indichei la persuna, il numer, la moda et il temps! (De repeter savens).

28 Pensum. Conjugei ils verbs „ligiar, tschentar, arar, anflar, artar, runar! (De repeter tenor basegns).

29. Pensum. Tschentei las construcziuns: „Il catschadur bastunna siu tgaun; Dieus castigia il mal; ils affons frequentan la scola", en ils divers temps et en las diversas modas! (De continuar cun autras construcziuns).

b) Ils verbs sin „ir".

Infinitiv: „sentir"

Presens.

Mod. indic.	Mod. conjunct.
Jeu sentel	Jeu senti
ti sentas	ti senties
el senta.	el senti.
Nus sentin	Nus sentien
vus sentis	vus senties
els sentan.	els sentien.

Imperfect.

Jeu senteva	Jeu sentevi
ti sentevas	ti sentevies
el senteva.	el sentevi.
Nus sentevan	Nus sentevien
vus sentevas	vus sentevies
els sentevan.	els sentevien.

Perfect.

Jeu hai etc. Nus havein etc.	sentiu.	Jeu hagi etc. Nus haveien etc.	sentiu.

Plusquamperfect.

Jeu haveva etc. Nus havevan etc.	sentiu.	Jeu havevi etc. Nus havevien etc.	sentiu

Futur.

Jeu vegn etc. Nus vegnin etc.	a sentir.	Jeu vegni etc. Nus vegnien etc.	a sentir.

Futur passau.

Jeu vegn etc. Nus vegnin etc.	a haver sentiu.	Jeu vegni etc. Nus vegnien etc.	a haver sentiu.

Moda condizionala

Presens.

directa.	indirecta.
Jeu sentess	Jeu sentessi
ti sentesses	ti sentessies
el sentess.	el sentessi.
Nus sentessen	Nus sentessien
vus sentesses	vus sentessies
els sentessen.	els sentessien.

Temps passau.

Jeu havess etc. Nus havessen etc	sentiu.	Jeu havessi etc. Nus havessieu etc.	sentiu.

Futur.

Jeu vegness etc. Nus vegnessen etc.	a sentir.	Jeu vegnessi etc. Nus vegnessien etc.	a sentir.

Futur passau.

Jeu vegness etc. Nus vegnessen etc.	a haver sentiu.	Jeu vegnessi etc. Nus vegnessien etc.	a haver sentiu.

Moda imperativa.

Senta (ti)
Senti (vus)
Sentien (Els)

Particip

present: sentent.
passau: sentiu.

Observaziun. Al poet romonsch eis ei lubiu, de salvar en ils divers temps et en las diversas modas il vocal della conjugaziun. A vigur de quella **licenzia poetica** astga el en cass de basegns p. e. scriver: **„sentiva, sentiss“** etc. enstagl **„senteva, sentess“** etc.

Pensums.

30. **Pensum.** Encuri si en Nr... dil codisch de legier ils verbs sin „ir“, et indichei la persuna, il numer, il temps e la moda! (De repeter tenor basegns).

31. **Pensum.** Conjugei ils verbs „**siglir**“ (**seglir**), **sgregnir**, **dormir** (scriva: jeu dormel, ti dormas, el dorma, e buca: jeu diermel, ti diermas el dierma), **morir** (scriva: jeu morel, ti moras, el mora, e buca: jeu mierel, ti mieras, el miera)!

32. **Pensum.** Tschentei las construcziuns: „**Il giest mora senza tema; il malsaun senta grondas dolurs; la fontauna sbuglia ord il teratsch**“, en ils divers temps et en las diversas modas! (De repeter cun autras construcziuns).

c) Ils verbs sin „er“ (lung).

Infinitiv: „schemér“.

Presens.

Moda indic.	Moda conjunct.
Jeu schemmel	Jeu schemmi
ti schemmas	ti schemmies
el schemma	el schemmi
Nus schemein (-in)	Nus schemeien (-mien)
vus schemeis (-is)	vus schemeies (-mies)
els schemman.	els schemmien.

Imperfect.

Jeu schemeva	Jeu schemevi
ti schemevas	ti schemevies
el schemeva.	el schemevi.
Nus schemevan	Nus schemevien
vus schemevas	vus schemevies
els schemevan.	els schemevien.

Perfect

Jeu hai etc. Nus havein etc. } schemiu.	Jeu hagi etc. Nus haveien etc. } schemiu.

Plusquamperfect.

Jeu haveva etc. Nus havevan etc. } schemiu.	Jeu havevi etc. Nus havevien etc. } schemiu.

Futur.

Jeu vegn etc. Nus vegnin etc. } a schemér.	Jeu vegni etc. Nus vegnien etc. } a schemér.

Futur passau.

Jeu vegn etc. Nus veguin etc. } a haver schemiu.	Jeu vegni etc. Nus vegnien etc. } a haver schemiu.

Moda condizionala

Presens.

directa.	indirecta.
Jeu schemess	Jeu schemessi
ti schemesses	ti schemessies
el schemess.	el schemessi.
Nus schemessen	Nus schemessien
vus schemesses	vus schemessies
els schemessen.	els schemessien.

Temps passau.

Jeu havess etc Nus havessen ètc.	schemiu.	Jeu havessi etc. Nus havessien etc.	schemiu.

Futur.

Jeu vegness etc. Nus vegnessen etc.	a schemér.	Jeu vegnessi etc. Nus vegnessien etc.	a schemér.

Futur passau.

Jeu vegness etc. Nus vegnessen etc.	a haver schemiu.	Jeu vegnessi etc. Nus vegnessien etc.	a haver schemiu.

Moda imperativa.

Schemma (ti)
Schemei (vus)
Schemmien (Els).

Particip

present: schement.
passau: schemiu.

Pensums.

33. Pensum. Encuri si en Nr... dil codisch de legier ils verbs sin „er“ (lung), et indichei la persuna, il numer, il temps e la moda!

34. Pensum. Conjugei il verb „temér“!

35. Tschentei las construcziuns: „Il bun carstgaun temma il mal; il carstgaun schemma savens sut il giuf de sias passiuns“ en tuts temps e tuttas modas!

d) Ils verbs sin „er" (curt).

Infinitiv: „vender".

Presens.

Moda indicativa.	Moda conjunctiva.
Jeu vendel	Jeu vendi
ti vendas	ti vendies
el venda.	el vendi.
Nus vendein (-in)	Nus vendeien
vus vendeis (-is)	vus vendeies
els vendan.	els vendien

Imperfect.

Jeu vendeva	Jeu vendevi
ti vendevas	ti vendevies
el vendeva.	el vendevi.
Nus vendevan	Nus vendevien
vus vendevas	vus vendevies
els vendevan.	els vendevien.

Perfect.

Jeu hai vendiu etc. — Jeu hagi vendiu etc.

Plusquamperfect.

Jeu haveva vendiu etc. — Jeu havevi vendiu etc.

Futur.

Jeu vegn a vender etc. — Jeu vegni a vender etc.

Futur passau.

Jeu vegn a haver vendiu etc. — Jeu vegni a haver vendiu etc.

Moda condizionala

Presens.

directa.	indirecta.
Jeu vendess	Jeu vendessi
ti vendesses	ti vendessies
el vendess.	el vendessi.
Nus vendessen	Nus vendessien
vus vendesses	vus vendessies
els vendessen	els vendessien.

Temps passau.

Jeu havess vendiu etc. — Jeu havessi vendiu etc.

Futur.

Jeu vegness a vender etc. Jeu vegnessi a vender etc.

Futur passau.

Jeu vegness a haver vendiu etc. Jeu vegnessi a haver vendiu etc.

Moda imperativa.
Vendn (ti)
Vendei (vus) (-i)
Vendien (Els).

Particip
present: vendent.
passau: vendiu.

Pensums.

36. Pensum. Encuri si en Nr... dil codisch de legier ils verbs sin „er" (curt), et indichei la persuna, il numer, il temps e la moda!

37. Pensum. Conjugei ils verbs „quescher, pender, render e prender! (Scriva: „jeu prendel, ti prendas, el prenda, nus prendein" etc. e buca: „jeu pren, ti prens, el pren, nus pernein" etc.)

38. Pensum. Tschentei las construcziuns: „La tratga d'aviuls renda fitg bun quint; il scolar legia ina historia", en ils divers temps e las diversas modas!

Observaziuns.

1) Biars verbs sin „er" (lung) et „er" (curt) san e vegnen era en il presens indicativ conjugai suenter la seconda conjugaziun (sco ils verbs sin „ir"), q. v. dir, l'emprima e seconda persuna dil plural san era finir sin „in" et „is" et igl imperativ plural sin „i". Aschia sa ins p. e. tier ils verbs „scriver, viver, temer" plidar e scriver: „nus scrivin, vus scrivis, scrivi! nus vivin, vus vivis, vivi! nus temin, vus temis, temi! Aschia tier aunc biars auters. Ei gliei buca necessari, de quintar quella diversitat per ina irregolaritat, quels verbs vegnen mo conjugai suenter la seconda conjugaziun enstagl suenter l'emprima. (Tenor noss exempels han gie schiglioc ils verbs dell' emprima, terza e quarta conjugaziun en il presens las medemas finiziuns tras tuttas persunas). Las conjugaziuns seschassen aschia a la fin era reducir sin duas, la conjugaziun dils verbs sin „ar" e sin „ir", et ils verbs sin „er" (lung) et "er" (curt) vegnen en il presens conjugai u suenter l'emprima, ne suenter la seconda conjugaziun

2) In' autra variaziun vegn era avon en divers dialects romonschs tier l'emprima e seconda persuna plural dil conjunctiv presens. Enstagl dellas finiziuns „eien, eies" sesurveschan quels dellas finiziuns „ien, ies" era en l'emprima, terza e quarta conjugaziun. Ei vegn plidau e scrit: „Els vullan, che nus laudien els; els giavischan, che vus sunnies; els din, che nus temmien la mort; ins audi, che vus schemmies" etc. En tut quels cass stat igl accent sin l'emprima silba, sin la ragisch dil verb. Quels dialects han pia per ils verbs de tuttas conjugaziuns las medemas finiziuns en il conjunctiv presens, ina semplificaziun, che ei en scadin cass buca de sprezar. La scienzia et ils docturs romonschs han aunc buca scultriu la demonda, quala de quellas duas formas conjunctivas sei la megliera e la giesta. Nus havein adoptau, mo fitg'nuides, l'emprima, essent ch'ella vegn pli savens avon en ils codischs de scola; nus concedin denton tuttavia buc, ch'ella sei la megliera, anzi nus havessen bia pli gronda simpathia per la seconda forma. En scadin cass astga il poet romonsch seservir de quellas formas senza negin scrupel.

3) Ina gronda part dils verbs romonchs de tuttas conjugaziuns vegnen en igl indicativ e conjunctiv presens extendii en tuttas persunas dil singular et en la terza persuna dil plural tras la silba „esch". Quei daventa per facilitar la pronunzia et ins quinta quella modificaziun della regla buca per ina irregolaritat. Exempels:

Presens.

Moda indicativa.	Moda conjunctiva.
Jeu educheschel, fineschel	Jeu educheschi, fineschi
ti educheschas, fineschas	ti educheschies, fineschies
el educhescha, finescha.	el educheschi, fineschi.
Nus educhein, finin	Nus educheien, finien
vus educheis, finis	vus educheies, finies
els educheschan, fineschan.	els educheschien, fineschien.
Jeu condoleschel	Jeu condoleschi
ti condoleschas	ti condoleschies
el condolescha.	el condoleschi.
Nus condolein	Nus condoleien (condoleschien)
vus condoleis	vus condoleies (condoleschies)
els condoleschan.	els condoleschien.

Tier plirs de quels verbs sa ins prender, ne schar naven quella silba „esch“, sco ei plai al scribent, sco p. e. fixar-jeu fixel - ne fixeschel; sperar - jeu sperel - ne jeu spereschel etc. Denton midan ils verbs lu beinduras lur senn, ne quel vegn silmeinz modificaus. Aschia di e scriva ins: „jeu fixel igl égl sin in object“ e „jeu fixeschel in prezi, in termin“ etc. Era verbs che midan en il presens il vocal della ragisch; sco: laudel, laudas, lauda; ludein, ludeis, laudan;*) lavurel, luvrein etc. quinta ins buc tier ils verbs irregolars.

Pensums.

39. Pensum. Encuri si en la lectura ded oz ils verbs, che vegnen en il presens extendii tras la silba „esch“ et indichei, en tgei temps e tgei moda che els stattan!

40. Pensum. Encuri si en il codisch de legier verbs, ils quals midan en la conjugaziun il vocal della ragisch! (Sco lavuras, ludar etc.)

41. Pensum. Conjugei ils verbs „renovar, patir (mai: pitir, en neginas formas), orar (urel, uras, ura; orein, oreis, uran; orava etc.) offerir!

Il verb reflexiv.

Il verb reflexiv sedistingua en la conjugaziun en negins graus dils auters verbs; sia conjugaziun dependa mo de sia finiziun. Il pronom „se“ ei en tuttas formas, persunas, modas e tuts temps ligiaus vid il verb. Nus scrivin pia „sedefender“, e buca „se defender“. Entscheiva il verb cun in vocal, sche vegn igl „e“ en „se“ ordinariamein schaus ora, mo el sa era star, suenter giavisch dil scribent. Ins sa pia plidar e scriver: „seoccupar, ne soccupar; seaccommodar, ne saccommodar“ etc. Mo en cass, ch'il verb entscheiva cun in „e“, lai ins pli bugien naven igl „e“ en „se“. Ins scriva pia plitost „senvidar, sexprimer“, che „seenvidar, seexprimer“ etc.

Ridicul eis ei, de voler declinar quei pronom „se“ a la moda italiana e franzosa, sco p. e. jeu mi fidel, ti te fidas etc.

---

*) Quest pleid dovess enseses adina vegnir scrits „lavurar, ne lavorar“ e buca „luvrar“, ch'ei mo ina schliata abbreviaziun.

sco ins anfla beinduras en scartiras romonschas, scrittas da Romonschs, ils quals han forsa bein empriu tuts auters lungatgs, mo buca il matern. La flexiun de quei pronom ei en il lungatg romonsch buca vegnida cultivada e noss' ureglia romonscha sa buca vertir pli quei italianismus; mo quei ei negina sperdita.

Pensums.

42. Pensum. Encuri si en il codisch de legier verbs reflexivs, et indichei la persuna, il numer, il temps e la moda de quels!

43. Pensum. Conjugei ils verbs reflexivs „selegrar, secontentar, sonutrir, sextender"!

Il verb impersonal.

Ils verbs impersonals han la medema conjugaziun, sco ils auters verbs; ad els mauncan mo las persunas e la forma passiva. Exempels:

Infinitiv: „plover", néver (buca: naver).

Moda indicativa.	Moda conjunctiva.
Ei plova, ei neva.	Ei plovi, nevi.
Ei ploveva, neveva	Ei plovevi, nevevi.
Ei ha ploviu, neviu.	Ei hagi ploviu, neviu.
Ei haveva ploviu, neviu.	Ei havevi ploviu, neviu.
Ei vegn a plover, a néver.	Ei vegni a plover, a néver.
Ei vegn a haver ploviu, neviu	Ei vegni a haver ploviu, neviu.

Moda condizionala

directa.	indirecta.
Ei plovess, nevess.	Ei plovessi, nevessi.
Ei havess ploviu, neviu.	Ei havessi ploviu, neviu.
Ei vegness a plover, a néver.	Ei vegnessi a plover, a néver.
Ei vegness a haver ploviu, neviu.	Ei vegnessi a haver ploviu, neviu.

Pensums.

44. Pensum. Encuri si en il codisch de legier verbs impersonals, et indichei il temps e la moda de quels!

45. Pensum. Conjugei ils verbs impersonals „camegiar, tempestar, suflar, tunar"!

§ 8. La forma passiva dils verbs.

Tier l'explicaziun dils casus (en l'emprima secziun dil II. curs) havein nus en la construcziun: „Il scolast lauda il scolar", anflau, che il scolast sei la persuna activa et il scolar la persuna passiva. Vul ins volver ne midar en quella construcziun la posiziun dils dus substantivs, mo senza midar il senn de quella, pia tschentar ils plaids aschia: „Il scolar ludar il scolast", sche savein nus buca dir: „Il scolar lauda il scolast", pertgei lu havess quella construcziun in auter senn, essent che la persuna activa dell' emprima construcziun ei vegnida midada en ina persuna passiva, e la passiva en in' activa; dovei quei pia buca daventar e sto la construcziun salvar siu medem senn tier quella midada u scommiada dils substantivs, sche sto ei aunc vegnir mess vitier il verb auxiliar „vegnir", e la construcziun vegn lu legida: **„Il scolar vegn ludaus dal scolast"**. La persuna (ei sa era esser ina caussa) passiva stat cheu en il nominativ, senza esser activa, e perquei nomna ins quella forma constructiva la **„forma passiva"**.

Ina forma passiva han mo ils verbs transitivs, che garegian en la construcziun in object en igl accusativ. Ils verbs vegnen era conjugai en lur forma passiva.

Conjugaziun dil verb en la forma passiva.

Infinitiv: „vegnir ludau" (esser ludau).

Presens.

Moda indicativa.		Moda conjunctiva.	
Jeu vegn ti vegnes el vegn	ludaus.	Jeu vegni ti vegnies el vegni	ludaus.
Nus vegnin vus vegnis els vegnen	ludai.	Nus vegnien vus vegnies els vegnien	ludai.

Imperfect.

Jeu vegneva ti vegnevas el vegneva	ludaus.	Jeu vegnevi ti vegnevies el vegnevi	ludaus.

Nus vegnevan		Nus vegnevien	
vus vegnevas	ludai.	vus vegnevies	ludai
els vegnevan		els vegnevien.	

Perfect.

Jeu sun		Jeu sei	
ti eis	vegnius ludaus.	ti seies	vegnias ludaus.
el ei		el sei	
Nus essen		Nus seien	
vus esses	vegnii ludai.	vus seies	vegnii ludai.
els ein		els seien	

Plusquamperfect.

Jeu era		Jeu eri	
ti eras	vegnius ludaus.	ti eries	vegnius ludaus.
el era		el eri	
Nus eran		Nus erien	
vus eras	vegnii ludai.	vus eries	vegnii ludai.
els eran		els erien	

Ne era:

Jeu fuva		Jeu fuvi	
ti fuvas	vegnius ludaus.	ti fuvies	vegnius ludaus.
el fuva		el fuvi	
Nus fuvan		Nus fuvien	
vus fuvas	vegnii ludai.	vus fuvies	vegnii ludai.
els fuvan		els fuvien	

Futur.

Jeu vegn		Jeu vegni	
ti vegnes	a vegnir ludaus.	ti vegnies	a vegnir ludaus.
el vegn		el vegni	
Nus vegnin		Nus vegnien	
vus vegnis	a vegnir ludai.	vus vegnies	a vegnir ludai.
els vegnen		els vegnien	

Futur passau.

Jeu vegn		Jeu vegni	
ti vegnes	ad esser vegnius ludaus.	ti vegnies	ad esser vegnius ludaus.
el vegn		el vegni	
Nus vegnin		Nus vegnien	
vus vegnis	ad esser vegnii ludai.	vus vegnies	ad esser vegnii ludai.
els vegnen		els vegnien	

Moda condizionala

Presens.

directa.		indirecta.	
Jeu vegness ti vegnesses el vegness	ludaus.	Jeu vegnessi ti vegnessies el vegnessi	ludaus.
Nus vegnessen vus vegnesses els vegnessen	ludai.	Nus vegnessien vus vegnessies els vegnessien	ludai.

Temps passau.

Jeu fuss ti fusses el fuss	vegnius ludaus.	Jeu fussi ti fussies el fussi	vegnius ludaus.
Nus fussen vus fusses els fussen	vegnii ludai.	Nus fussien vus fussies els fussien	vegnii ludai.

Futur.

Jeu vegness ti vegnesses el vegness	a vegnir ludaus.	Jeu vegnessi ti vegnessies el vegnessi	a vegnir ludaus.
Nus vegnessen vus vegnesses els vegnessen	a vegnir ludai.	Nus vegnessien vus vegnessies els vegnessien	a vegnir ludai.

Futur passau.

Jeu vegness ti vegnesses el vegness	ad esser vegnius ludaus.	Jeu vegnessi ti vegnessies el vegnessi	ad esser vegnius ludaus.
Nus vegnessen vus vegnesses els vegnessen	ad esser vegnii ludai.	Nus vegnessien vus vegnessies els vegnessien	ad esser vegnii ludai.

Moda imperativa.

Vegnies (ti) ludaus.
(Vegni (el) ludaus).
Vegnies (vus) ludai.
(Vegnien (els) ludai).

Particip

passau: ludau.

Pensums.

46. **Pensum.** Encuri si en Nr... dil codisch de legier construcziuns, che stattan en la forma passiva et indichei il temps e la moda de quellas!

47. Pensum. Midei en la lectura ded oz las construcziuns cun forma activa en construcziuns cun forma passiva! (Quei sa mo daventar tier construcziuns, che han in object en igl accusativ).

48. Pensum. Midei era construcziuns, che han ina forma passiva, en construcziuns cun forma activa! (Las construcziuns vegnen dessignadas en il codisch de legier).

49. Pensum. Conjugei en la forma passiva „vegnir educau“, „vegnir honorau“, „vegnir attaccau“!

50. Pensum. Tschentei las construcziuns: „Il graun vegn medius; la vigna vegn cultivada; ils praus vegnen segai; las flurs vegnen bognadas; in malperdert affon vegn castigiaus da ses geniturs; las lieurs vegnen pesequitadas dals tgauns“, en ils divers temps e las diversas modas! (Mintga construcziun separadamein).

§ 9. Ils verbs irregolars.

Ils verbs, che saccommodeschan en lur conjugaziun a negina conjugaziun dil paragraph 7 cun las leu indicadas modificaziuns, nomnein nus verbs irregolars. Il lungatg romonsch ha buca biars verbs irregolars, mo tont pli gronda confusiun regia en quels, ch'ei dat. L'irregolaritat dils verbs romonschs semussa principalmein en il temps present, savens era en il particip. La gronda part de quels verbs suonda cheu en ina conjugaziun abbreviada. Il scolar vegn cun agit dil scolast a saver distinguer las persunas, ils temps e las modas. Il scolar tschenta si tier mintga verb l'entira conjugaziun en scrit et emprenda tut exactamein a memoria.

Conjugaziun dils verbs irregolars.

Saver — sai, sas, sa; savein, saveis, sau; sappi, sappies, sappi; saveien, saveies, sappien; saveva - savevi; savess - savessi; savent, saviu.

Poder — pos, pos, po; podein, podeis, pon; possi, possies, possi; podeien, podeies, possien; podeva - podevi; podess - podessi; podent, podiu.

Stover — (buca: stuer, ne stuver). Sto (buca: stoi), stos, sto; stovein, stoveis, ston; stoppi, stoppies, stoppi; stoveien, stoveies, stoppien; stoveva-stovevi; stovess-stovessi; stovent, stoviu.

Dover — (buca: duer, ne duver). Dovei, doveis, dovei; dovein, doveis, dovein; (conjunct.) dovei, doveies, dovei; doveien, doveies, doveien; doveva - dovevi; dovess - dovessi; dovent, doviu. En il singular dil conjunct. presens san era las formas abbreviadas: „d e i, d e i e s, d e i" vegnir dovradas, principalmein en la poesia.

Voler — (buca: vuler). Vi, vul, vul; volein, voleis, vullan; vegli, veglies, vegli; voleien, voleies, veglien; voleva - volevi; voless - volessi; volent, voliu. Era tier quei verb ein las abbreviaziuns: „l e i n, l e i s; l e v a - l e v i; l e s s - l e s s i" applicablas en poesias.

Crer — creiel, creis, crei; cartein, carteis, crein; creigi, creigies, creigi; carteien, carteies, creigien; carteva - cartevi; cartess - cartessi; cartent, cartiu.

Ver — vezzel, vezzas, vezza; vezein, vezeis, vezzan; vezzi, vezzies, vezzi; vezeien, vezeies, vezzien; vezeva - vezevi; vezess - vezessi; vezent, viu.

Far — fetg (fetgel), fas, fa; fagiein, fagieis, fan; fetgi, fetgies, fetgi; fagieien, fagieies, fetgien; fagieva - fagievi; fagiess - fagiessi; fagient, fatg. Ins dovei en quella conjugaziun buca scriver: Jeu f e t s c h, ne f e t s c h e l cun „t s c h"; era las formas: „figien, figieis, fievel, figievel etc., ein faulsas.

Dar*) — dun, das, dat; dein, deis, dattan; detti, detties, detti; deien, deies, dettien; dava - davi; dass - dassi; dont, dau.

Barsar — brassel, brassas, brassa; barsein, barseis, brassan; brassi, brassies, brassi; barseien, barseies, brassien; barsava - barsavi; barsass - barsassi; (brassa! barsei!); barsont, barsau.

Patertgar — patratgel, patratgas, patratga; patertgein, patertgeis, patratgan; patratgi, patratgies, patratgi; patertgeien, patertgeies, patratgien; patertgava - patertgavi; patertgass - patertgassi; (patratga! patertgei!); patertgont, patertgau. Enstagl il verb „p a t e r t g a r" sa ins fitg bein dovrar il verb „p e n s a r", che ha la medema significaziun et ei regolars.

Tertgar — tratgel, tratgas, tratga; tertgein, tertgeis, tratgan; tratgi, tratgies, tratgi; tertgeien, tertgeies, tratgien; tertgava -

---

*) En igl imperfect indicativ e conjunctiv et en il condizional presens mida ins gieneralmein il vocal „**a**" della ragisch en in „**e**", e scriva e plaida: „j e u d e v a - d e v i - d e s s - d e s s i" etc. Nus cartein denton, che quella midada sei buca necessaria, perquei havein nus salvau il vocal della ragisch. La medema remarca valla era per il verb „**star**".

tertgavi; tertgass - tertgassi; (tratga! tertgei!); tertgont, tertgau.

Ir — vom, vas, va; mein, meis, van; vommi, vommies, vommi; meien, meies, vommien; mava - mavi; mass - massi; (va! mei!) mont, iu.

Dir — digiel, dis, di; schein, scheis, din; digi, digies, digi; scheien, scheies, digien; scheva - schevi; schess - schessi; (di! schei!); schent, detg.

Fugir — fuiel, fuis, fui; fugin, fugis, fuin; fugi, fugies, fugi; fugieien, fugieies, fugien; fugieva - fugievi; fugiess - fugiessi; (fui! fugi!); fugient, fugiu.

Tener — tegn (tegnel), tegnes *), tegn; tenin, tenis, tegnen; tegni, tegnies, tegni; teneien, teneies, tegnien; teneva - tenevi; teness - tenessi; (tegn! teni!); tenent, teniu. Aschia vegnen era ils verbs componii cun t e n e r conjugai, sco: retener, mantener, sustener etc.

Curdar — crodel, crodas, croda; curdein, curdeis, crodan; crodi, crodies, crodi; curdeien, curdeies, crodien; curdava - curdavi; curdass - curdassi; (croda! curdei!); curdont, curdau

Crescher — creschel, creschas, crescha; carschein (-in), carscheis (-is), creschan; creschi, creschies, creschi; carscheien, carscheies, creschien; carscheva - carschevi; carschess - carschessi; (crescha! carschi!); carschent, carschiu.

Star — stun, stas, stat; stein, steiš, stattan; stetti, stetties, stetti; steien, steies, stettien; stava - stavi; stass - stassi; (stai! stei!); stont, stau.

Rir — riel, ris, ri; riein, rieis, rin; rigi, rigies, rigi; rieien, rieies, rigien; rieva - rievi; riess - riessi; (ri! riei!); rient, ris.

Plascher - plaiel, plais, plai; plaschein, plascheis, plain; plagi, plagies, plagi; plascheien, plascheies, plagien; plascheva - plaschevi; plaschess - plaschessi; plaschent, plaschiu.

Tascher — taiel, tais, tai; taschein, tascheis, tain; tagi, tagies, tagi; tascheien, tascheies, tagien; tascheva - taschevi; taschess - taschessi; (tai! taschei!); taschent, taschiu.

Bargir — bragiel, bragias, bragia; bargin, bargis, bragian; bragi, bragies, bragi; bargieien, bargieies, bragien; bargieva - bargievi; bargiess - bargiessi; (bragia! bargi!); bargient, bargiu.

---

*) Suenter in „**gn**“ ha la seconda persuna singular la finiziun „**es**“ e buca „**as**“ e la terza persuna plural „**en**“ e mai „**an**“.

Ruir — ruiel, ruis, rui; ruiein, ruieis, ruin; ruigi, ruigies, ruigi; ruieien, ruieies, ruigien; ruieva - ruievi; ruiess - ruiessi; (rui! ruii!); ruient, ruis.

Schèr — schaiel, schais, schai; scheschein (-in), schescheis (-is), schèn (schaian); schagi, schagies, schagi; schescheien, schescheies, schagien; schescheva - scheschevi; scheschess - scheschessi; (schai! scheschei!); scheschent, scheschiu.

Quest register dils verbs irregolars ei buca complets; ei stovess aunc vegnir priu si plirs verbs, che han ina pli ne meinz irregolara conjugaziun Mo ils presents serveschan era als auters per muster, e cun agit dil scolast vegnen ils scolars era ad anflar e domognar quels.

Pensums.

51. Pensum. Encuri si en la lectura ded oz ils verbs irregolars, et indichei la persuna, il numer, ils temps e la moda!

52. Pensum. Tschentei las construcziun: „In bun affon di adina la verdat; ina buna figlia tegn car ses gieniturs“, en ils divers temps e las diversas modas, en il singular e plural!

§ 10. L'applicaziun dils temps.

Nus havein en las conjugaziuns distinguiu sis temps. Il lungatg distingua la relaziun dil subject en sia activitat tier il temps della persuna plidonta, ne la differenza denter il temps, en il qual il subject sesanfla et il temps della persuna plidonta.

Il temps della persuna plidonta ei il temps present. Il temps dil subject ei u il medem, ne quel, che va avon, ne che suonda ad el. Vul ins exprimer ina activitat, duront che quella vegn exsequida, cur ch'ella daventa, sche di ins p. e. tier il verb „scriver“: „Il scolar scriva“. L'activitat, il scriver, daventa pia uss en quest moment, ch'ei vegn plidau; ella croda ensemen cun il temps della persuna plidonta e perquei nomna ins quest temps dil verb il temps present, presens.

Plaida ins era dil temps present, mo vul ins indicar, ch'ina acziun (ina activitat) cuzzi buca pli en il temps present, ch'ella sei pia daventada e finida avon ch'il temps della persuna plidonta, sche di ins p. e. tier il verb „scriver“: „Il scolar ha scrit“, e nomna quest temps il temps passau, **perfect**.

Plaida ins dil temps present, mo vul ins indicar, che l'activitat hagi aunc buca priu sia entschatta, ch'ella daventi pia pli tard, suenter il temps della persuna plidonta, sche di ins: „Il scolar vegn a scriver“, e nomna quest temps il temps futur, **futur**.

Vegness ei adina exprimiu en ina construcziun mo ina activitat, sche fussen quels treis temps sufficients per tuttas construcziuns; mo vegn ina activitat messa en relaziun cun in' autra activitat, sche ei quei buc il cass.

Plaida ins dil temps passau, e vul ins indicar, ch'ina acziun cuzavi aunc et eri aunc buca finida en quest temps passau, dal qual ins plaida, sche di ins p. e. „Il scolar scriveva“, (cura che siu amitg ei vegnius tier el). Quest temps nomna ins il temps mez vargau, **imperfect**. Semeglionlas construcziuns sco: „Il scolar scriveva“, stattan mai persullas; ellas ein adina en relaziun cun autras construcziuns. En la sura allegada construcziun vegnen pia avon las activitats „scriver — ei vegnius“.

Plaida ins dil temps passau, e vul ins exprimer, ch'ina activitat cuzzi buca pli, ch'ella sei pia finida en quest temps passau, dal qual ins plaida, sche di ins: „Il scolar haveva scrit“, (cura ch'el cantava, ne: cura ch'el ha cantau). Quest temps nomna ins il temps passau e finiu, **plusquamperfect**. Era quest temps vegn avon en construcziuns, che stattan en relaziun ne connexiun cun autras construcziuns.

Vegn ei plidau dil temps futur, e dovei ei vegnir indicau, ch'ina activitat cuzzi buca pli en quest temps, ch'ella sei gia finida, sche di ins: „Il scolar vegn a haver scrit.“ Quest temps nomna ins il **futur passau**. Era quest temps vegn avon mo en construcziuns dublas, nua che las activitats stattan en relaziun ne connexiun ina cun lautra. Di ins p e. mo: „Jeu vegn a haver scrit“, sche senta ins, che quella expressiun ei mo ina part de quei, ch'ins vul dir. Per vegnir entelgius sto ins pia completar ella, sco p. e. „Jeu vegn a haver scrit questa brev, cura ch'il currier demonda giu ella — ne: cura ch'il currier vegn a demondar giu ella.

Il presens.

Il temps present vegn dovraus et applicaus

a) en construcziuns, en las qualas l'activitat vegn exprimida dalla persuna plidonta en quei moment, ch'ella daventa; p. e. „Jeu contel (uss); il solegl sclarescha (oz); la terra semova (adina); jeu vom en il marcau (quest moment); ei plovi; ei tunni; jeu scrivess (uss), sche . . etc.

b) Il temps present vegn en il lungatg romonsch era fitg savens dovraus en la requintaziun per il temps passau, perfect, per dar a quella pli vivacitat, per far il discurs pli vivs; p. e. „Havent Dieus commoudau ad Abraham d'unfrir siu figl, preuda Abraham siu figl Isaac e va cun el sin il culm Moria". Il presens stat era fitg savens stagl il temps passau, cura che la construcziun contegn ina determinaziun adverbiala dil temps, sco p. e. „Ina gada va Moises ora tier ils Israelits e vezza, ch'in de ses frars vegn maltractaus dad in Egypzian". Ei fuss cheu tuttavia buca giest de dir: „Ina gada mava Moises ora tier ils Israelits e vezeva, ch'in de ses frars vegneva maltractaus dad in Egypzian". etc.

c) Il presens vegn beinduras era dovraus, principalmein en connexiun cun adverbs dil temps, per exprimer ina activitat futura; p. e. „Damaun scrivel jeu ina breva a miu amitg; il proxim meins d'Avust vom jeu probabel en in bogn; la primavera fluerescha la pomèra puspei" etc.

d) Il presens serva era, per exprimer sentenzias, ch'ein gieneralmein veras e valeivlas; p. e. „Facultat engolada porta negina ventira; Dieus remunerescha il bien e casligia il mal; l'aria circumdescha la terra". etc.

Igl imperfect.

Igl imperfect ei principalmein il temps descriptiv e vegn dovraus per exprimer ina activitat vargada, mo aunc buca finida en comparaziun cun in' autra activitat. Cun igl imperfect vegn ei aschia plitost indicau ina activitat cuzonta. El vegn denton adina avon mo en construcziuns, che stattan en relaziun cun autras construcziuns. Di ins p. e. „**Ei ploveva**“, ne era: „**Ei plovevi**“, sche senta ins, che quella expressiun lai aunc spetgar enzatgei. Completescha ins la construcziun aschia: „Ei ploveva, duront che nus mavan a culm“, ne era: „Ei plovevi, duront che nus mavien a culm“, sche ei la construcziun giesta. Las activitats „**plover**“ et „**ir**“ ein vargadas, ein succedidas en il medem temps, mo eran buca momentanas, plitost cuzontas. En questa construcziun (dubla) stattan omisduas activitats en igl imperfect, perquei ch'ellas succedan en il medem temps — perquei ch'ellas ein contemporanas. Sia principala applicaziun anfla igl imperfect en la descripziun, sco p. e. en semeglionlas construcziuns: „Cura che nus essen ii a culm, **ploveva** e **suflava** ei stermentus; il cametg **percurreva** cun la tschientdubla rapiditat dil sgulont paliet l'inquieta aria, et il tun **ramplunava** en las montognas, che la terra **tremblava** etc.

Ultra de en dils sura allegai cass vegn igl imperfect milsanavon dovraus

a) en connexiun cun il plusquamperfect, cura ch'ina activitat prenda sia entschatta, ch'ina autra activitat ei vargada e finida, sco p. e. „Ils Israelits **adoravan** fauls Dieus, strusch che Moises **haveva bandonau** els“. Ne era: „Moises **haveva** strusch **bandonau** ils Israelits, che quels **adoravan** puspei fauls Dieus.“

En quellas construcziuns comparan las activitats „**bandonar**“ et „**adorar**“. Schinavon sco il bandonar ei succedius avon ch'igl adorar, sche drova ins en la requintaziun per igl emprim il plusquamperfect e per lauter igl imperfect Igl imperfect stat beinduras era

b) en connexiun u relaziun cun il perfect, cura che ina de duas activitat contemporanas cuzza aunc vinavon, duront che lautra ei finida. P. e. „Jeu **scriveva**, cura ch'el **ei veguius** tier mei; ei **ploveva**, cura ch'il pastur **ha catschau** a casa la biestga; ei **camegiava** e **tunava**, cura che Dieus **ha dau** ils diesch commoondaments als Israelits“. etc. En quellas construcziuns anfla ins activitats contemporanas; mo las activitas exprimidas entras igl imperfect cuzavan aunc vinavon, fertont che las activitats exprimidas tras il perfect ein finidas. Aschia indichescha igl imperfect en l'emprima construcziun, ch'il „**scriver**" sei succedius cun l'activitat „**vegnir**", mo buca ch'il **scriver** hagi priu ina fin cun il **vegnir**. Ei vegn en translaziuns romonschas savens fatg errurs cun tschentar p. e. per dus semeglionts imperfets tudescs era en il lungatg romonsch dus imperfects.

Il perfect.

Il perfect vegn dovraus per exprimer ina activitat vargada e finida en comparaziun cun il temps present della persuna plidonta. Exempels: „Oz **hai** jeu **scrit** ina brev; ier **ein** mes amitg **il a marcau**; els **han lavurau** *igl entir meins sin il funs*; ils Helvets **han liberau** lur patria ord gronds perigels" etc.

Il perfect vegn en la requintaziun era dovraus

a) en connexiun cun in auter perfect, cura che duas activitats finidas ein stadas contemporanas; p. e. „Ils Israelits **han bandonau** l'Egypta, sco ch'els **han giu** la lubienscha de Pharao". Ne era: „Schigleiti sco ils Israelits **han giu** la lubienscha de Pharao, **han** els **bandonau** l'Egypta". Fertont ch'ils Grischuns **han battiu** cun l'armada imperiala sin il brutg de Mals, ei il commandant Freuler **staus** tischents cun la truppa dil Confederai a Taufers". etc.

b) Il perfect vegn era — sco ei gliei sura allegau — dovraus en connexiun cun in imperfect, cura che ina activitat ei vargada e finida, duront che lautra cuzza aunc vinavon, sco p. e.: „Il Salvader **ha dau si** siu spirt, duront ch'el **pendeva** vid la crusch. Il catschadur **ha sittau** sin il camutsch, duront che quel **pasculava**". En questa davosa construcziun ha l'activitat „**pascular**" buca calau si cun l'autra activitat „s i t t a r". etc. Il perfect vegn milsanavon era dovraus.

c) en connexiun cun il plusquamperfect, cura che duas activitats vargadas e finidas, las qualas ein incontemporanas, vegnen messas en relaziun ina cun lautra, sco p. e.: „Noe **haveva serrau** l'arca, cura che la plievia **ha entschiet** d'inundar la terra. Ils Lumnezians **havevan surventschiu** igl inimitg sin il Mundaun, cura ch'els **ein**

vegnil en agit a lur dunauns a Porclas. La fumeglia **haveva** gia **bandonau** l'alp cun la biestga, cura che la davosa név **ei curdada**". etc. Il perfect vegn era dovraus.

d) en connexiun cun il presens, cura ch'ei vegn tras il davos indicau ina m o d a, ina r e g l a, in usit, sco p. e.: „Suenter che las hirundellas **han bandonau** lur ignivs, **prendan** ils passlers bugien posses de quels. Cura ch'ins **ha semnau** il graun, **tegn** ins ils animals naven dils èrs. Cura ch'il carstgaun **ha fatg** siu dover, **dat** Dieus ad el ruaus e consolaziun. etc. Il perfect sa era star

e) sper ils dus futurs, cura ch'ei vegn tras quels exprimiu ina supposiziun, ne ina probabilitat. P. e.: „Cura ch'ils scolars **han absalviu** lur scola, **vegnen** els bein buca **a calar** si d'emprender. Il ranvèr **vegn** cert buc **a viver**, tochen ch'el **ha contentau** compleinamein sia ranveria (avarizia), (schiglioc prendess el negina fin). Tochen ch'ils gronds animals de rapina **han avdau** en nossa terra, **vegnen** ils habitonts de quella cert **a haver patiu** gronds donns da quellas bestias". etc.

Il plusquamperfect.

Il plusquamperfect vegn avon mo en construcziuns dublas e vegn dovraus, sco sura allegau, per exprimer ina activitat vargada e finida avon in' autra activitat passada. Sco nus havein viu en ils puncts antecedents, vegn quei temps avon

a) en connexiun cun igl imperfect, cura che i n a de duas activitats ei finida, cura che lautra, pli cuzonta, prenda sia entschatta. P. e.: „Cura ch'ils Romans **havevan priu en** ina terra, **bagegiavan** els castels e fortezias en quella. Cura ch'ils vegls Confederai **havevan fatg** lur oraziun, **attaccavan** els igl inimitg cun vehementa furia e valerusadat. Igl agit **era vegnius**, ch'ei **fova** memia tard. Ils vegls Grecs **entschevevan** negina caussa de gronda importonza, avon ch'els **havevan consultau** igl orachel da Delphi". etc. Ins metta il plusquamperfect

b) era en connexiun cun il perfect, cura che duas activitats finidas ein succedidas ina suenter lautra, sco p. e.: „Jeu **haveva finiu** mias fatschentas, cura che **jeu hai retschiert** vossa brev. Tell **era sepostaus** sper la cavorgia, cura che Gessler **ei vegnius** tras quella. Ils agricolants **havevan finiu** la raccolta dils fritgs de campagna, cura che la biestga **ei vegnida** dad alp". etc. Il plusquamperfect stat beinduras era

c) sper il presens, cura che quel compara en construcziuns attributivas. P. e.: „Igl inimitg **haveva destruiu** (disfatg) la punt, la quala (che) **meina** sur il Rhein. L'aua gronda **haveva inundau** tut il funs, che **schai** sper il flum". etc. Il plusquamperfect stat medemamein era

d) cun il presens conjunctiv, cura che quel exprima ina nonposseivladat, ne enzatgei extraordinari e nonspetgau, sco p. e.: „Igl inimitg **haveva** gia **pers la** battaglia, avon che tut l'armada **arrivi** sin il camp de battaglia. David **haveva surventschiu** il gigant Goliath, avon che quel **attacchi** el. Ils pasturs **havevan serrau en** la biestga, avon ch'ei **plovi**. Ils luvrèrs **havevan finiu** lur lavur, avon ch'ei **sei** sera. etc.

Il futur.

Il futur vegn dovraus, cura ch'ei vegn indicau, che l'activitat daventi en in temps, che ha aunc de vegnir, che suonda sin il temps present della persuna plidonta. El vegn dovraus persuls et en connexiun cun auters temps; persuls p. e. en sequentas construcziuns: „Ils utschels emigrants **vegnen** puspei **a turnar** tier nus la proxima primavera. Il solegl **vegn a madirar** la poma et ils fritgs de **campagna**". etc. Il futur stat lu era principalmein en connexiun cun il presens e cun il perfect, cura ch'ei vegn exprimiu ina c o n s e q u e n z a, ina n e c e s s i t a t, ina p o s s e i v l a d a t, ina p r o b a b i l i t a t, ina i n t e n z i u n, in m o t i v. Aschia p. e.

a) c u n i l p r e s e n s: „Cura ch'ils tscherchèrs **flureschan**, **vegn** lautra pomèra era gleiti **a flurir**. Sche ti **commettas** in delict, sche **vegn** il tribunal **a truar** tei. Sch'il carstgaun **ei** misericordeivels sin terra, sche **vegn** el era **a contonscher** misericordia tier Dieus en tschiel. Sche miu amitg **scriva** a mi ina brev, sche **vegn** jeu cun ina gada **a dar** ina resposta ad el. etc.

b) Cun il perfect: Sch'igl inimitg **ha prin en** il marcau, sche **vegn** el cert era **ad acquistar** la citadella. Sch'ils coss **han magliau** si las ragischs, sche **vegnen** las carschienschas cert **a seccar** e **pirir**. Ils tscherschèrs **han** buca **fluriu** fitg, perquei **vegn** ei **a dar** quest onn paucas tschereschas. etc.

Il futur passau.

Quest temps vegn dovraus, cura ch'ina activitat aunc futura vegn exprimida per vargada e finida en in temps futur en comparaziun cun in' autra activitat. El vegn denton avon mo en construcziuns dublas, nua ch'ei vegn exprimiu ina pretensiun, ina probabilitat, ina aspectaziun, in motiv etc. Aschia stat el

a) cun il presens, p. e.: „Cura che l'emprima név **croda**, **vegnen** ils utschels emigrants **ad esser svanii** ord nossa terra. La fluriziun (il flurir) della pomèra **vegn a haver calau si**, cura che las vaccas **van** ad alp. Il vent **ei** favoreivels, perquei **vegn** il navadur **a haver tratg si** las tendas della nav." etc.

b) Cun igl imperfect, p. e.: „Questa vacca **haveva** bia defects; perquei **vegn** il patrun **a haver vendiu** ella. Gessler **temeva** la curascha e valerusadat de Tell; perquei **vegn** el **a haver persequitau** quel schi crudeivlamein. Noss babuns **vivevan** en simplicitat e contentienscha; perquei **vegnen** els **ad esser stai** schi ferms e schi ventireivels. etc.

c) Cun il perfect, p. e.: „Sch'ils derschaders **han truau** il delinquent a la mort, sche **vegnen** els cert **a haver giu** sufficients motivs per lur riguruśa sentenzia. Sche quest carstgaun **ha giu** in cor misericordeivel envers siu proxim, sche **vegn** Dieus bein era **a haver fatg** grazia cun sia olma. Las hirundellas **han** ussa **bandonau** nossa terra, pertgei ei **vegn a haver muncau** la vivonda ad ellas". etc.

d) Cun il plusquamperfect, p. e.: „Tschels onns **haveva** el **teniu** mal casa; perquei **vegn** el ussa gleiti **a haver consumau** sia facultat. La jamna passada **haveva** ei **nevlu giu** tochen sut igl uaul; perquei **vegnen** ils pasturs **ad esser turnai** a casa cun lur muvel etc.

e) Cun il futur, p. e.: „Cura che nus **vegnin ad arrivar** a casa, **vegn** la porta cert **ad esser serrada.** Cura che la pomèra **vegn a flurir**, **vegnen** ils utschels emigrants bein **ad esser turnai** anavos e puspei **haver priu** possess de lur ignivs.“ etc.

Observaziuns.

1) Ord las conjugaziuns vezza ins, ch'ils verbs romonschs drovan ils verbs auxiliars „**haver**“ ne „**esser**“, per formar il perfect e plusquamperfect, e „**vegnir**“, per exprimer il verb en ils temps futurs. Il verb „haver“ vegn dovraus principalmein tier ils verbs transitivs et impersonals, et „esser“ tier ils verbs neuters u intransitivs. Beinduras vegn il verb „esser“ denton era dovraus tier verbs transitivs, mo lu han quels negin object e la construcziun (expressiun) survegn in senn de passiv, sco ins sa tgunsch ver ord ils suondonts exempels. „El **ha** selavau — el **ei** selavaus. Il scolar **ha** scrit si ils plaids — il scolar **ei** scrits sin il register. Igl agricolant **ha** semnau ora il segel — il segel **ei** ussa semnaus ora. La puraglia **ha** cultivau il funs — il funs **ei** ussa cultivaus pertut. etc. Ord quels exempels vezza ins era, cura ch'ins ha de dovrar il verb „haver“ e cura „esser“ tier ils verbs reflexivs. Quals verbs auxiliars serveschan per exprimer ils divers temps en la forma passiva?

2) Ils verbs „**saver, poder, voler, stover, dover, far, schar**“ vegnen savens prii per verbs auxiliars, essent ch'els vegnen bia avon en relaziun u connexiun cun auters verbs en igl infinitiv, sco p. e.: „Il scolar **sa** scriver. Il reconvalescent **po** magliar puspei. Nus **volein** emprender endretg il lungatg matern. Ils affons **ston** obedir a lur genitturs e superiurs. Il carstgaun **dovei** sefidar sin Dieus. La lavur **fa** suar. Dieus **lai** ver savens sia pussonza“. etc. Quellas construcziuns san vegnir exprimidas en tut ils auters temps. Ils verbs „scriver, magliar, emprender, obedir, sefidar, suar e ver“ ein ensesez mo objects en quellas construcziuns e comparan en tuttas modas et en tuts temps mo en igl infinitiv.

Tier plirs verbs auxiliars de quella natira, sco tier „**ir, entscheiver, far**", stat la particla „**a**" avon il verb objectiv, sco p. e.: „La fantschella va **a** meder; il fumegl va **a** perver, **a** segar; igl affon entscheiva **a** plidar; l'aura entscheiva **a** semidar; ils mats fan **a** sedomognar". etc.

3) Vegn ei avon en la requintaziun dus perfects, in suenter lauter, sche vegn quel, il qual contegn l'activitat succedida avon, savens fortificaus tras il particip dil verb auxiliar. Metta ins las construcziuns: „Dieus **ha scaffiu** la terra; Dieus **ha scaffiu** las carschienschas e las creatiras viventas", en ina construcziun dubla, sche vegn ins a dir en la requintaziun: „Suenter che Dieus ha **giu** scaffiu la terra, ha el era scaffiu las carschienschas e las creatiras viventas. Aschia era en ils suondonts exempels: „Cura che David ha **giu** surventschiu il gigant Goliath, ein ils Philisters fugii. Cura ch'ils Helvets han **giu** barschau giu lur marcaus e vitgs, ein els ii en Gallia". etc. Sin la medema moda vegn era ils plusquamperfect fortificaus tras il particip dil verb auxiliar, cura ch'el stat en connexiun cun in auter plusquamperfect, sco p. e.: „Suenter ch'ei haveva **giu** ploviu 40 dis e 40 notgs, era l'aua dil deluvi carschida sur tuts culms ora. etc. Era il futur passau survegn beinduras ina tala fortificaziun, sco ins sa ver ord ils sequents exempels: „Il fumegl vegn bein a haver **giu** finiu sia lavur, avon ch'el vommi a marcau (ne: avon che ir a marcau). La fantschella vegn bein a haver **giu** preparau il gientar, cura ch'il patrun ei vegnius neutier cun ils luvrèrs. etc.

Quella fortificaziun dell' expressiun tras il particip passau dil verb auxiliar sa denton vegnir evitada, e quei daventa cun substituir quei particip tras igl „**infinitiv**", ne tras il **particip present** dil verb auxiliar, sco ils suondonts exempels mussan. Enstagl dir: „Suenter che Dieus ha **giu** scaffiu las carschienschas, ha el creau las creatiras viventas", sa ins dir: „Suenter **haver** scaffiu las carschienschas, ha Dieus creau las creatiras viventas"; ne era: „**Havent** Dieus scaffiu las carschienschas, ha el lu creau las creatiras viventas." etc. Ei gliei denton aunc meglier romonsch, sch'ins salva quei particip passau dil verb auxiliar tier igl infinitiv e tier il particip present. Aschia sa ins dar quellas construcziuns sura en questa moda: „Suenter

haver giu scaffiu las carschienschas, ha Dieus creau las creatiras viventas", ne era: „**Havent** Dieus **giu** scaffiu las carschienschas, ha el creau las creatiras viventas." etc. Sin quella maniera san denton mo quellas construcziuns vegnir exprimidas, las qualas han en omisduas parts della construcziun dubla il medem subject.

Pensums. *)

53. Pensum. Encuri si en la lectura ded oz las construcziuns dublas, indichei ils temps en quellas, e dei en il motiv, pertgei quels ein dovrai! (De repeter savens tier las requintaziuns).

54. Pensum. Fagiei 12 construcziuns, en las qualas il temps present vegn avon, u per sesez, ne enstagl dil perfect e futur!

55. Pensum. Fagiei 15 construcziuns dublas, en las qualas igl imperfect vegn avon, combinaus cun ils auters temps, che san star cun el en connexiun!

56. Pensum. Fagiei 15 construcziuns, che stattan en il perfect, u persullas, ne en connexiun cun ils auters temps, cun ils quals el sa vegnir combinaus!

57. Pensum. Fagiei 12 construcziuns dublas, en las qualas il plusquamperfect vegn avon en connexiun cun tut ils temps, sper ils quals el sa star!

58. Pensum. Fagiei 6 construcziuns simplas e 6 construcziuns dublas, en las qualas il futur vegn avon!

---

*) Ei sa cheu tras ils suondonts pensums simplamein vegnir indicau, sin tgei moda e maniera la materia dil present paragraph dovei vegnir practicamein tractada, et ei sto vegnir surschau al scolast, d'encurir ensemen l'adequata materia per ils numerus exercicis, ch'ein necessaris, sch'ils scolars dovein vegnir tier l'entelgienscha de quellas reglas. Ei sto p. e. vegnir encuretg si en il codisch de legier las construcziuns e lu intercuriu, pertgei quest ne tschel temps ei vegnius dovraus. Ei vegn forsa á frontar bein enquala gada, ch'ins anfla en il second e terz codisch de scola enquala errur, essent che quels ein a riguard il diever dils temps tuttavia buca exemplarics. De speras lai il scolast savens scriver suenter ils scolars requintaziuns, las qualas el ha portau avon ad els a bucca, e curregia lu exactamein las lavurs, prendent special riguard sin la giesta applicaziun dils temps. Pensums sco 60 e 61 sa il scolast tgunsch preparar ord mintga requintaziun.

59. Pensum. Fagiei 10 construcziuns simplas ne dublas, en las qualas il futur passau vegn avon!

60. Pensum. Tschentei las suondontas construcziuns dublas en ils temps, che sedemondan! — „Cain manar frar Abel campagna — Cain sturnir frar. Abraham retscheiver commond de Dieus — Abraham bandonar sia patria. Ils Ismaelits arrivar en Egypta — Ismaelits vender Joseph. Aua dil deluvi tschessar — Noe bandonar l'arca. Jesus haver 12 onns — Jesus ir cun ses geniturs a Jerusalem. Tell esser in curaschus e valerus um — Gessler temér Tell. Ils castellans supprimer il pievel sco vers taranns — il pievel sullevar e scatschar ils castellans. Benedetg Fontana curdar — la battaglia gleiti finir cun la victoria dils Grischuns e Confederai. (De repeter savens semeglionts exercizis).

61. Pensum. Componi ord la sequenta indicaziun ina historia (reqiuntaziun)!

Gion esser in diligent scolar, il qual vegnir ludar de tut ses mussaders. En scola secontener adina quiets e ruaseivels et esser adina attents; perquei adina dar bunas e giestas respostas. Vegnir mintga di a dretgas uras a scola, e mai negligir quella. Tuts pensums, ch'il scolast dar si, far cun la pli gronda diligenza, e mai dar a mauns ina lavur al magister, avon che haver legier atras quella pliras gadas. Enconter ses conscolars adina esser cortaseivels e servetscheivels. In scolar buca haver capir enzatgei en scola, sche mo astgar demondar Gion, e cun ina gada retscheiver il giavischau sclariment. Aschia crescher si Gion per plascher de ses geniturs e mussaders. Pli tard vegnir in stimau um, e tuts carstgauns respectar e carezar el.

§ 11. Sur il diever dellas modas.

Nus havein en la conjugaziun dils verbs distinguiu quater diversas modas, la moda „indicativa, conjunctiva, condizionala (directa et indirecta) e la moda imperativa“. Di p. e. enzatgi: „Il tscherschèr fluerscha“, sche ha el exprimiu ina sentenzia, la quala el tegn per vera, et el ha tras quella construcziun era indicau quei definitivamein. Ins nomna quella moda definitiva de sexprimer la moda „indicativa“.

Di enzatgi: „Il tscherschèr **flureschi**“, sche ha el exprimiu quella sentenzia, senza esser sez giest persvadius, ch'ella sei vera; el di quei mo suenter, sco el ha udiu d'enzatgi auter, havent denton l'opiniun, che quei sei posseivel, ne ch'ei podessi esser aschia; p. e. „Il tscherschèr flureschi, **di mia amitg.**“ Ins nomna quella moda de sexprimer la moda **conjunctiva.** Ins senta, ch'ina tala construcziun en il conjunctiv ei dependenta din autra sentenzia, ch'ella vegn pia avon mo en connexiun cun autras construcziuns.

Di ins: „Sche il tscherschèr **fluress**“, sche senta ins, che quella expressiun lai aunc spetgar enzatgei. Per completar siu senn sa ins p. e. metter vitier il suondont: „Sch'il tscherschèr fluress, **sche portass el era tschereschas**“. Ins survegness naturalmein neginas tschereschas, sch'il tscherschèr portass neginas flurs; il tscherschèr porta pia tschereschas mo sut la condiziun, ch'el hagi era fluriu. Ins vezza pia ord quei, che l'expressiun: „Sch'il tscherschèr fluress“, contegn ina condiziun, et ins nomna perquei era quella moda de sexprimer la moda **condizionala.**

Di ina persuna ad in' autra persuna: „**Lavura!**“ ne a pliras persunas: „**Lavurei!**“, sche exprima ella cheutras in commond, et ins nomna quella moda de sexprimer la moda **imperativa.**

La moda indicativa, igl indicativ.

Exprima la persuna plidonta ina sentenzia cun la persvasiun, che quella sei vera, sche drova ella per la construcziun la moda indicativa. Di ins p. e.: „Dieus ha scaffiu il mund; Dieus remunerescha il bien e castigia il mal“; sche crei ins era, che quei ei ver. Di ins milsanavon: „Sch'il tscherschèr flurescha, sche porta el era tschereschas“; sche contegn l'emprima construcziun: „Sch'il tscherschèr flurescha“, ina condiziun; mo schinavon sco ins ei persvadius della verdat de quella condiziun e de sia consequenza, sche exprima ins ella era en la moda indicativa. Ins drova pia la moda indicativa per tuttas sentenzias, en las qualas ei vegn exprimiu ina acziun vera e **nondubiusa.** Igl indicativ ha tuts sis temps.

La moda conjunctiva, il conjunctiv.

Exprima la persuna plidonta ina sentenzia incertamein, non savent sche quei, ch'ella exprima, ei ver, sche drova ella per sia expressiun la moda conjunctiva. Di ella p. e.: „Igl affon **dormi**", sche sa ella sezza buca per franc, sche quei ei ver, ne buc; mo schinavon sco quei ei posseivel, sche exprima ella quella sentenzia, sepusont sin quei, che in' autra persuna ha detg ad ella, sco era giest sin la posseivladat, che quei sappi, ne hagi saviu daventar. Ins senta, che quella expressiun sepusa sin in' autra sentenzia, e ch'ella sa vegnir dovrada mo en connexiun cun in' autra construcziun, u sco resposta sin ina demonda, ne cun ina autra adjuncziun, sco ils suondonts exempels mussan. P. e.: „Tgei fa igl affon?" „**El dormi**", (di la fantschella); ne era: „La fantschella di, **ch'igl affon dormi.**" En la resposta vegn la construcziun primaria en in discurs savens schada naven, essent che quella vegn tacentamein (taschentamein) patertgada vitier. En in discurs sa ei pia simplamein vegnir detg: „Tgei fa igl affon?" „**El dormi**". Mo la persuna, che di: „Igl affon dormi", exprima quei suenter ad in' autra persuna, che ha communicau quei ad ella.

L'expressiun en la moda conjunctiva ei pia dependenta de circumstanzas e relaziuns denter las construcziuns e vegn dovrada, cura ch'ins exprima enzatgei incert, presumau, posseivel, ne era quei, che in' autra persuna ha communicau u exprimiu.

La moda conjunctiva ha tuts sis temps, sco la moda indicativa, sco ins vezza ord ils suondonts exempels. „La fantschella di, **igl affon dormi** (ne: **ch'igl affon dormi**)".

„La fantschella di, (che) **igl affon dormevi**, (duront che nus lavuravien)".

„La fantschella di, (che) **igl affon hagi dormiu** oz varga duas uras."

„La fantschella di, (che) **igl affon havevi dormiu** ruaseivlamein, (avon ch'ella sei ida a ruaus)".

„La fantschella di, (che) **igl affon vegni gleiti a dormir**".

„La fantschella di, (che) **igl affon havevi dormiu** duront il di, (schinavon sco el vegli buca sedormentar la sera)".

Ord quels exempels vezza ins medemamein, che igl imperfect, il plusquamperfect et il futur passau dil conjunctiv vegnen avon mo en connexiun cun aunc in auter conjunctiv. Las diversas combinaziuns de quels temps sa ins observar en il paragraph antecedent, essent ch'il conjunctiv vegn en gieneral dovraus a riguard ils temps, sco igl indicativ.

Il conjunctiv vegn savens era dovraus per exprimer in giavisch, sco ins sa tgunsch observar ord ils suondonts exempels. „Vegli Dieus, che miu amitg daventi sauns! Possi il moribund daventar salvs! etc.

La moda condizionala, il condizional.

La moda condizionala ei era nuot auter ch'ın conjunctiv, q. v. dir, ella vegn era avon mo en construcziuns dublas e dependentas ina de lautra. Sco ei gliei vegniu allegau a l'entschatta de quest paragraph, contegn ina construcziun la condiziun, sut la quala quei daventa, il qual vegn exprimiu en lautra construcziun. Aschia en igl exempel d'avon: „Sch'il tscherschèr **fluress**, sche **portass** el era tschereschas". L'emprima construcziun contegn cheu la condiziun, sut la quala il tscherschèr porta ses fritgs. Las construcziuns savessen denton era vegnir volvidas aschia: „Il tscherschèr **portass** tschereschas, sch'el **fluress**, (ne era: sch'el havess fluriu)", senza ch'il senn vegness midaus.

Pronunziescha ina persuna quellas construcziuns, sco sura indicau, sche ha ella directamein exprimiu sia opiniun, quei ch'ella tratga, che sei posseivel; mo di ella quei suenter l'opiniun din' autra persuna, sche vegn ella ad exprimer quella construcziun aschia: „Sch'il tscherschèr **fluressi**, sche **portassi** el era tschereschas, (di il bab)"; ne era: „(il bab di), (che) il tscherschèr **portassi** tschereschas, sch'el **fluressi**". Ord quei seresultescha, che la moda condizionala ha duas formas, ina directa, cura che la persuna plidonta exprima sia propria opiniun ne maxima, siu pertratg, et ina forma indirecta, cura ch'ella exprima ina tala condiziun sco opiniun din' autra persuna, che ha communicau ad ella quella maxima.

La forma condizionala dil verb compara era en l'exclamaziun, cura ch'ei vegn exprimiu in giavisch. P. e. „O, sche jeu

fuss mo sauns! **Havess** jeu mo peda! **Possedessen** nus vossa facultat!“ etc. Cheu para mintgina de quellas treis construcziuns de star persulla; la seconda construcziun ei denton mo schada naven, e vegn patertgada vitier. A quellas treis exclamaziuns sura vegn la persuna plidonta ad aggiungier en siu pertratg presapauc il sequent: „O, sche jeu **fuss** mo sauns, lura **voless** jeu esser contents e **voless** buca plirar pli. **Havess** jeu mo peda, sche **fagiess** jeu bugien a vus quest servetsch. **Possedessen** nus vossa facultat, sche **savessen** nus viver senza quitau.“ etc.

L'exclamaziun ha era ina forma indirecta, sco ins sa ver ord il suondont exempel: „Savessi jeu mo scriver!“ (di miu amitg, „lura volessi el procurar a mi in bun servetsch)“. Ord quels exempels vezza ins pia, che l'exclamaziun ei ensesez nuot auter ch'in condizional, en il qual la seconda construcziun (la consequenza) ei schada naven, e vegn mo tacentamein (taschentamein) patertgada vitier.

La moda condizionala ha, sco nus havein viu en la conjugaziun, quater temps, in presens, in temps passau e dus futurs. Mo schinavon sco quei, che vegn exprimiu entras ina construcziun en il condizional, daventa buc, sche ein quels temps ensesez mo simplas formas grammaticalas. Di ins p. e.: „Sche ti lavurasses, sche gudognasses ti tiu paun quotidian“, sche daventa il „lavurar e gudognar“ buc; perquei san quellas activitats ensesez buca esser en in temps present. Di ins p. e.: „Dieus havess perdonau als habitonts de Sodoma; sche Abraham havess anflau 10 giests en quei liuc“, sche ei quei „perdonar et anflar“ era buca daventau, e quest temps sa pia stricte era buc esser in temps passau. Mo en igl emprim cass semeglia l'expressiun ad in temps present, essent che l'acziun havess doviu succeder en quel, et en il second cass semeglia ella al temps passau, essent che l'acziun havess doviu esser succedida en quel. Perquei nomna ins era quels temps, sco sura allegau. Il medem eis ei era il cass tier omisdus futurs.

Ei gliei gia vegniu allegau, ch'ina condiziun sa era vegnir exprimida en construcziuns, che stattan buca en il condizional. Savens sa ina e la medema construcziun vegnir exprimida en tuttas diversas modas, en igl indicativ, en il conjunctiv et en il condizional. Ei suonda cheu ina tala construcziun en quellas diversas modas per pli entelgienteivla explicaziun della significaziun de quellas. Exempel:

1) En igl indicativ. Sch'igl agricolant cultivescha bein il funs, sche renda quel meglier quint.

2) En il conjunctiv. Sch'igl agricolant cultiveschi bein il funs, sche rendi quel meglier quint, (di il patrun).

3) En il condizional, *a*) direct. Sch'igl agricolant cultivass bein il funs, sche rendess quel meglier quint. *b*) indirect. Sch'igl agricolant cultivassi bein il funs, sche rendessi quel meglier quint, (di il patrun).

En Nr. 1 vegn quella sentenzia exprimida per vera, certa, infallibla; la persuna, che exprima quella sentenzia, sa e crei, ch'ella ei vera. En Nr. 2 exprima la persuna plidonta quella sentenzia suenter ad in' autra persuna, senza pretender, ch'ella sei vera ne infallibla; ella surprenda aschia era buca la responsabilitat per la verdat de quei, ch'ella exprima mo suenter ad in' autra persuna. Quella expressiun en il conjunctiv ei cheu ina forma indirecta digl indicativ. En Nr. 3 *a*) vegn quella sentenzia medemamein exprimida per franca, vera, infallibla; mo la persuna plidonta suppona, gie ella sa e ha la persvasiun, che quei, ch'ella exprima, daventa buc. En Nr. 3 b) exprima la persuna plidonta quella sentenzia suenter ad in' autra persuna, senza ch'ella sei persvadida della verdat de quella; era ei la persuna plidonta buca responsabla per la verdat de quei, ch'ella ha detg suenter ad in' autra en quella forma indirecta.

Igl indicativ et il condizional direct expriman pia omisdus enzatgei ver, franc, cert, infallibel cun la soletta differenza, che quei, il qual vegn exprimiu en igl indicativ, daventa ne sa daventar, fertont che quei, il qual vegn detg en il condizional, daventa ensesez mai. Il conjunctiv et il condizional indirect expriman ina sentenzia indirectamein suenter a quei, ch'ei vegniu detg din' autra persuna. La differenza denter quellas duas modas ei quella, ch'ei gliei posseivel, che quei che vegn exprimiu entras il conjunctiv, daventi, fertont che l'expressiun en il condizional indirect contegn enzatgei, che daventa mai, schegie che la sentenzia sa era contener ina verdat.

En la requintaziun vegn il temps passau (et il futur passau) dil condizional ord ils medems motivs extendius u fortificaus tras il particip passau dil verb auxiliar, sco quei ch'ei gliei vegniu allegau a la fin dil paragraph antecedent per las autras modas. Exempels: „Havessen Adam et Eva buca giu commess igl emprim puccau, sche fussen els buca vegnii scatschai ord il paradis. Igl agricolant havess buca fatg ina schi riha raccolta, sch'el havess buca giu cultivau schi bein siu funs. Il cussegl de scola vegness cert a haver giu expremiu publicamein sia contentienscha sur las prestaziuns della scola, sch'ils scolars havessen giu fatg pli gronds progress.

Ins sto denton bein distinguer en de quellas construcziuns la forma activa e la forma passiva ina da lautra. En construcziuns cun forma passiva, sco p. e. en la seconda part digl emprim exempel — fussen els buca vegnii scatschai etc. — ei il particip „vegnii" negina fortificaziun ne extensiun; en talas construcziuns cun forma passiva auda quei particip tier il temps passau, sco ins sa era observar en la conjugaziun dil verb passiv. Dovei la forma passiva tonatont vegnir fortificada ord ils medems motivs e sin la medema maniera, sco sura allegau, sche sto quei daventar tras aunc in second particip dil verb auxiliar „esser". P. e. Sch'ils Helvets fussen buca stai vegnii instigai da Orgetorix tier l'emigraziun, havessen els cert mai bandonau lur patria." etc.

La moda imperativa, igl imperativ.

Della moda imperativa seservescha la persuna plidonta, cura ch'ella exprima enconter ina autra persuna in commond, in giavisch, ina admoniziun, ina invitaziun etc. P. e. „Scriva (affon)! Scrivi meglier (vus affons)! O, vegni tier nus (vus amitgs)! Fagiei vos pensum (affons)!" etc. La persuna plidonta sa drizar in tal commond enconter ina, ne era enconter pliras persunas, che ein presentas. Igl imperativ vegn aschia avon mo tier la seconda persuna dil singular e plural (persuna appellativa). Dovei il commond vegnir drizaus enconter (ne daus per) ina terza persuna absenta (terza persuna singular ne plural), sche vegn igl imperativ exprimius tras la moda conjunctiva dil verb. P. e. „El vommi uss! La fantschella serri la porta!" etc. En auters cass sto igl imperativ era vegnir circumscrits; p. e. „Ella (la fantschella) dovei serrar la porta! Nus volein semetter sin viadi!" etc.

Igl imperativ contegn savens era ina condiziun, cura ch'el compara en ina construcziun dubla; p. e.: „Lavura! sche fadigias ti tiu paun quotidian. El lavuri! sche vegn el buc en miserias". etc.

Igl infinitiv.

Igl infinitiv ei la forma substantivica dil verb, la quala porta neginas ensennas dellas persunas. El vegn avon en la construcziun

a) purs (senza particlas u preposiziuns) en connexiun cun ils verbs „voler, dover, stover, saver, astgar, poder, schar, far, gidar" etc. P. e. „Ils Austriacs volevan adina supprimer ils Grischuns et ils Confederai. Il scolar dovei emprender siu pensum. Ils affons ston obedir a lur gieniturs e superiurs. Il carstgaun astga en tuttas occurenzas sefidar sin l'assistenza de Dieus. La rauna sa viver sin terra et en l'aua. La calira della stad po secchentar las plontas. In bien bab de familia lai instruir et educar ses affons. Ina buna muma fa obedir ses affons. La pazienzia gida portar las cruschs della vita terrestra". etc.

b) Cun la preposiziun (particla) „a" en il temps futur, sco p. e.: „Il malsaun vegn a morir. Dieus vegn a remunerar il bien et a castigiar il mal". etc. Ei gliei tuttavia fauls, de componer il futur senza quella preposiziun „a", sco quei ch'ei daventa savens tier ils Sursilvans, principalmein en construcziuns, en las qualas il verb auxiliar et tgl infinitiv vegnen separai tras autras parts della construcziun. Era en connexiun cun aunc auters verbs, sco cun „entscheiver, ir, semetter" etc. compara igl infinitiv cun la preposiziun „a". P. e.: „Ei entscheiva a plover. Il marcadont va a vender sia mercanzia. Igl affon semetta a plirar". etc.

c) C u n l a p r e p o s i z i u n (particla) „**de**“, sco ins sa ver ord las sequentas expressiuns; p. e.: „F a r **de** s a v e r; d a r **de** m o l l e r; d a r **de** f a d i g i a r; t e m p r a r **de** r e s g a r; e m p r e n d e r **de** s u n a r“. etc.

En tut ils sura allegai cass vegn igl infinitiv c u n e s e n z a preposiziun riguardaus en la construcziun sco in object, cun excepziun dil futur, nua ch'el figurescha sco predicat.

d) E n c o n s t r u c z i u n s a b b r e v i a d a s cun las preposiziuns „**de**“ e „**per**“. P. e. „Ei gliei util, d'e m p r e n d e r (**de** e m p r e n d e r) in lungatg ester. Ei gliei difficultus, **de** s u r p a s s a r in glatschèr. Il catschadur carga la buis, **per** sittar. Il carstgaun maglia, per v i v e r“. etc.

En quellas construcziuns abbreviadas sa il comma vegnir schaus naven.

Ils particips.

Ils particips representan la forma adjectivica dil verb, e vegnen era savens dovrai sco adjectivs, sco ei gliei gia vegniu mussau en igl I. curs. Ultra de quei eis ei aunc de remarcar il suondont sur il diever dils particips.

Il particip present vegn avon

a) s c o c i r c u m s c r i p z i u n u c o n t r a c z i u n dils temps passai, sco ei gliei vegniu mussau en il paragraph antecedent, e sco ils sequents exempels mussan. P. e. „**Udent** Esau dil return de siu frar Jacob, va el enconter ad el per far in' attacca sin el“, enstagl: „Cura che Esau ha giu udiu dil return de siu frar Jacob, ei el ius enconter ad el per far in' attacca sin el“ etc. „**Vezent** il general il perigel de sia armada, ha el tarmess succurs a quella“, enstagl: „Cura ch'il general ha viu en il perigel de sia armada, ha el tarmess succurs a quella“. etc.

b) S c o a d v e r b en determinaziuns circumstanzialas. P. e.: „Ils utschels sgolan b a t t e n t cun las alas“. etc. Beinduras stat era la preposiziun „**a**“ tier il particip present, sco p. e.: „Il tschoc va **a** p a l p o n t per la vias. Ils utschels sgolan **a** c a n t o n t tras l'aria“. etc.

Vegn il particip present dovraus sco determinaziun circumstanziala, sche nomna ins el era „**Gerundi**“. Il particip present et il gerundi sedistinguan in de lauter, sch'ins vul tuttavia haver fatg ina distincziun, mo tras lur diever, sco ei gliei sura vegniu allegau; mo ins dovei 'buca voler scriver il gerundi sin ina diversa maniera dil particip, pia buca cun la finiziun „nd" (cantond) enstagl „nt" (cantont).

Il particip passau vegn avon en il perfect, plusquamperfect et en il futur passau, e stat en la construcziun sco predicat. Stat il verb auxiliar „haver" tier il particip passau, sche ei e resta quel en omisdus numers e tier tuttas persunas il medem; mo vegnen ils verbs auxiliars „esser" e „vegnir" dovrai tier il particip passau, sche sto ins distinguer

a) il numer, p. e.: „Igl affon ei **carschius** — ils affons ein **carschli**. Igl affon vegn **educaus** — ils affons vegnen **educai**". etc.

b) Il genus, p. e.: „Il figl ei **carschius** — la figlia ei **carschida**; ils figls ein **carschli** — las figlias ein **carschidas**. Il figl vegn **educaus** — la figlia vegn **educada**; ils figls vegnen **educai** — las figlias vegnen **educadas**". etc.

Ord quels exempels vezza ins, ch'il particip passau ha en igl allegau cass per il genus masculin en il singular la finiziun „**aus**", u „**ius**", en il plural „**ai**" u „**ii**"; per il genus feminin en il singular „**ada**" u „**ida**", en il plural „**adas**" u „**idas**".

Tier la forma passiva dat il verb adina mo siu particip passau; l'entira conjugaziun dil verb en la forma passiva vegn lu componida ord ils temps e las modus dil verb auxiliar „vegnir".

Pensums.

62. Pensum. Encuri si en la lectura ded oz las construcziuns, che stattan en igl indicativ!

63. Pensum. Scrivi si 15 construcziun, che stattan en igl indicativ!

64. Pensum. Encuri si en la lectura ded oz las construcziuns, che stattan en il conjunctiv!

65. Pensum. Fagiei 12 construcziuns dublas, la primaria en igl indicativ e la subordinada en il conjunctiv!

66. Pensum. Fagiei 8 censtrucziuns triplas (treisdublas), l'emprima en igl indicativ, las autras duas en il conjunctiv!

67. Pensum. Encuri si en Nr.... dil codisch de legier las construcziuns, che stattan en la moda condizionala!

68. Pensum. Fagiei 12 construcziuns dublas en la moda condizionala!

69. Pensum. Fagiei ord las suondontas indicaziuns construcziuns dublas, et exprimi quellas igl emprim en igl indicativ, suenter en il conjunctiv et il davos en la moda condizionala (directa et indirecta), e tschentei lu era quellas construcziun, nua ch'ei selai, mintga gada en il plural!

Sche affon emprender bein en scola — sche affon far gronda legria gieniturs e superiurs. Sche scolar (scolara) sedeportar bein — sche contentar scolar gieniturs e scolast. Sche carstgaun sefidar sin Dieus — sche carstgaun bagegiar sin ferm fundament. Sche ti plidar la verdat — sche ti vegnir pertut il mund atras. Sche scolar studegiar bein lungatg matern — sche scolar emprender meglier e pli tgunsch lungatg ester. Sche ins schuar ils praus — sche ils praus dar pli fein. Sche la glieut levar mervegl — la glieut drizar ora pli lavur. Sche bien affon anflar enzatgei — sche el restituir al patrun la caussa' anflada.

70. Pensum. Exprimi 10 construcziuns en la moda imperativa!

71. Pensum. Fagiei 12 construcziuns, en las qualas igl infinitiv dil verb compara senza preposiziun!

72. Pensum. Fagiei 12 construcziuns, en las qualas igl infinitiv compara cun las preposiziuns „a“, „de“, „per“, (senza exprimer il futur)!

73. Pensum. Encuri si en Nr.... dil codisch de legier il particip present!

74. Pensum. Fagiei 12 construcziuns en las qualas ei vegn avon in particip present!

Appendix.*)

Demondas per la repetiziun sur la materia theoretica della grammatica.

En igl I. Curs.

Sur igl I. paragraph.

1. Quals substantivs nomna ins substantivs concrets? — 2 Quals substantivs quinta ins tier ils substantivs abstracts? — 3. Tgei differenza eis ei denter substantivs concrets et abstracts? — 4. Co sa ins classificar ils substantivs concrets? — 5. Co havein nus classificau ils substantivs abstracts? — 6. Da tgei specia de plaids vegnen ils biars substantivs abstracts derivai? — 7. Conts genus distingua ins tier ils substantivs romonschs? — 8. Vid qualas ensennas enconoscha ins il genus dils substantivs? — 9. Tgei finiziuns han ils substantivs masculins ordinariamein? — 10. Tgei finiziuns appertegnen principalmein als substantivs feminins? — 11. Co sa ins derivar giu substantivs feminins da substantivs masculins? — 12. Tgei reglas ha ins d'observar tier ils substantivs sur il diever dils bustabs inizials?

Sur il II. paragraph.

1. Tgei expriman ils adjectivs? — 2. Tier tgei plaids stattan ils adjectivs? — 3. Cun tgei observein nus las qualitats e pro-

*) Las sequentas demondas serveschan al meinz versau scolast per fil tier l'instrucziun e dattan ad el practica, sch'el lavura atras sez ellas, sco quei ch'ei sa e sto vegnir pretendiu dad el. A la fin de mintga paragraph vegn ei repetiu, e tier quella repetiziun han ils scolars de responder sin quellas demondas, igl emprim a bucca, suenter en scrit. Cheutras vegnen els necessitai de patertgar suenter la materia tractada en ils divers paragraphs e de sexprimer sur quella en propris concepts. Tras tals pensums et exercizis tschaffan els si meglier la materia e las reglas grammaticalas. Ils auters excercizis e pensums habiliteschan ils scolars, ch'els san practicamein dovrar las formas, mo ils concepts sur la materia grammaticala sezza madirescban els aschia, ch'els lavuran sin il suenter cun entelgienscha e persvasiun.

prietats dellas persunas e caussas? — 4. Conts senns ha il carstgaun, e tgei organs serveschan a mintgin de quels? — 5. Sin tgei moda e maniera sa ins classificar ils adjectivs? — 6. Tgei genus han ils adjectivs? 7. Da tgei plaids, e co, vegnen biars adjectivs derivai giu? — 8. Cura vegnen ils adjectivs dovrai sco substantivs? — 9. Tgei posiziun prenda igl adjectiv en en la construcziun, v. d. sin tgei plaids sa el sereferir? — 10. Tgei reglas ha ins d'observar sur la posiziun digl adjectiv attributiv?

Sur il III. paragraph.

1. Tgei vegn exprimiu entras il verb? — 2. Tras tgei organs observein nus las activitats? — 3. Co sa ins classificar las activitats (ils verbs), sch'ins riguarda igl origin de quellas? — 4. Da tgei specias de plaids sa ins derivar giu verbs? — 5. Co sa ins derivar giu verbs dad auters plaids? — 6. Pertgei nomna ins ils substantivs, adjectivs e verbs plaids substantivics?

Sur il IV. paragraph.

1. Tgei plaids substitueschan ils pronoms? — 2. Co seclassificheschan ils pronoms en emprima linia? — 3. En contas subdivisiuns sedividan ils pronoms definits? — 3. Tgei ha ins d'oservar tier ils pronoms personals? — 4. Tgei ha ins de riguardar tier ils pronoms possessivs? — 5. Tgei caussas ein d'observar tier ils pronoms demonstrativs e determinativs? — 6. Tgei differenza eis ei denter ils pronoms „quel" e „quella" sco pronoms demonstrativs e determinitivs? — 7. Cura vegnen ils pronoms iterrogativs dovrai? — 8. Cura daventan ils pronoms iterrogativs pronoms relativs? — 9. Tgei pronoms vegnen savens dovrai fauls en divers dialects? — 10. Quala conjuncziun sa ins era dovrar per pronom relativ? — 11. Quals pronoms indefinits vegnen dovrai mo per persunas, e quals mo per caussas?

Sur il V. paragraph.

1. Tgei plaids ein ils artichels? — 2. De contas specias artichels dat ei? — 3. Cura vegn il „g" mess en igl artichel masculin? — 4. Pertgei croda il „g" lu naven en il plural? —

5. Cura sa ei vegnir apostrophau tier igl artichel feminin? — 6. Sa ins era apostrophar tier igl artichel indefinit feminin?

Sur il VI. paragraph.

1. Tgei indicheschan ils numerals avon ils substantivs? — 2. De contas specias numerals dat ei? — 3. Tgei differenza eis ei denter ils numerals definits e numerals indefinits? — 4. En tgei classas sedivedan ils numerals definits? — 5. Tier quals numerals stat igl artichel? — 6. Tgei expriman ils numerals indefinits?

Sur il VII. paragraph.

1. Avon quals plaids stattan las preposiziuns? — 2. Tgei indicheschan las preposiziuns? — 3. Co san las preposiziuns vegnir classificadas? — 4. Tier tgei plaids stattan las preposiziuns aunc pli? — 5. Tgei posiziun han las preposiziuns, cura ch'ellas stattan tier il verb?

Sur igl VIII. paragraph.

1. Tier quals plaids stattan ils adverbs? — 2. Tgei indicheschan ils adverbs tier il verb? — 3. Qualas determinaziuns circumstanzialas della activitat vegnen exprimidas tras adverbs? — 4. Sin tgei moda san talas determinaziuns circumstanzialas vegnir exprimidas aunc pli? — 5. Tgei finiziuns han ils adverbs savens? — 6. Cura vegnen ils adjectivs dovrai per adverbs?

Sur il IX. paragraph.

1. Tier tgei serveschan las conjuncziuns? — 2. Tgei parts constructivas alligian las conjuncziuns? — 3. Tgei construcziuns san las conjuncziuns ligiar ensemen? — 4. Co seclassificheschan las conjuncziuns en l'emprima linia? — 5. Co vegnen las conjuncziuns coordinontas classificadas? — 6. Tgei plaids san er' aunc vegnir riguardai per conjuncziuns, cura ch'els serveschan per l'introducziun de construcziuns subordinadas?

Sur il X. paragraph.

1. Tgei exprima il carstgaun tras las interjecziuns? — 2. Ord tgei constistan las interjecziuns? — 3. Tgei sign sto ins far suenter las interjecziuns? — 4. Contas specias de plaids dat ei en tut, e qualas?

En il II. Curs.

Sur igl I. paragraph.

1. Conts casus distingua ins en las declinaziuns? — 2. Tgei differenza eis ei denter in nominativ et in accusativ? — 3. Cun tgei preposiziun vegn il genitiv exprimius? — 4. Tgei particla servescha per l'expressiun dil dativ? — 5. Da tgei dependan ils casus, ne quals plaids han influenza sin ils casus? — 6. Per qual motiv salligian las preposiziuns u particlas „de" et „a" cun ils plaids formals?

Sur il II. paragraph.

1. Ord tgei consistan las formas digl artichel masculin e feminin en il genitiv e dativ? — 2. Nua seligia la preposiziun buca cun igl artichel? — 3. A qualas midadas ein ils artichels suttamess per facilitar la pronunzia? — 4. Tgei differenza eis ei denter il genitiv et ablativ? — 5. Co ha ins de secontener tier igl artichel cun igl apostrophar? — 6. Cura eis ei buca lubiu ne buca beinfatg d'apostrophar las preposiziuns „de" et „da"? — 7. Cura astgan las preposiziuns „a" et „da" buca vegnir tratgas ensemen cun igl artichel? — 8. Co formeschan ils substantivs gieneralmein il plural? — 9. Tgei excepziuns dat ei tier la regla della formaziun dil plural dils substantivs? — 10. Tgei finiziuns ha igl adjectiv attributiv per ils dus divers genus en il singular e plural? — 11. Tgei finiziuns ha igl adjectiv predicativ en il singular e plural per omisdus genus? — 12. Contas diversas declinaziuns dil substantiv et adjectiv dat ei, seh'ins riguarda ils plaids, cun ils quals els stattan en connexiun? — 13. A quala declinaziun semeglia la declinaziun dils numerals?

Sur il III. paragraph.

1. Sin tgei moda e maniera vegnen il genitiv e dativ exprimii tier tut ils pronoms? — 2. Tgei pronom ha negin dativ? — 3. Quals pronoms han negin plural? — 4. Qual pronom stat beinduras cun la preposiziun „de" (forma genitiva) sco nominativ, e sa en quella forma vegnir declinaus tras tut ils casus et en il plural? — 5. Nua sa la conjuucziun „che" substituir il pronom relativ?

Sur il IV. paragraph.

1 A quala flexiun u midada ei igl adjectiv aunc suttaposts pli che alla declinaziun? — 2. Cura vegn il adjectiv gradaus? — 3. Contas formas digl adjectiv ha ins de considerar tier sia comparaziun e gradaziun? — 4. Cura vegn il comparativ e cura il superlativ dovraus? — 5. Tgei differenza eis ei denter la comparaziun e gradaziun digl adjectiv attributiv e predicativ? — 6. Tgei posiziun ha igl adjectiv attributiv en sia gradaziun sper il substantiv? — 7. Tgei plaids vegnen era aunc gradai sco ils adjectivs? — 8. Sin tgei moda san biars adjectivs vegnir gradai senza comparaziun?

Sur il V. paragraph.

1. Co nomna ins la flexiun dil verb? — 2. Contas e qualas persunas sto ins riguardar tier il verb en il singular e plural? — 3. Contas formas ha il verb? — 4. Contas modas observa ins tier l'expressiun dina activitat? — 5. Conts temps vegnen avon en la conjugaziun dil verb tier igl indicativ e conjunctiv, e conts tier la moda condizionala? — 6. Co nomna ins la forma adjectivica dil verb, e co sia forma substantivica?

Sur il VI. paragraph.

1. Conts verbs auxiliars ha il lungatg romonschs? — 2. Quals temps dil verb san vegnir exprimii cun diversas finiziuns tras il verb sez? — 3. Quals temps drovan verbs auxiliars? — 4. Qual verb auxiliar ha duas diversas formas per igl imperfect, e qualas?

Sur il VII. paragraph.

1. Tgei diversas finiziuns ha igl infinitiv dil verb romonsch? — 2. Quals temps dils verbs san vegnir exprimii cun diversas finiziuns tras ils verbs sezs? — 3. Tgei finiziuns han ils verbs sin „ar“ en las diversas persunas en il presens et imperfect indicativ et conjunctiv? — 4. Tgei finiziuns han igl imperativ et ils dus particips tier ils verbs sin „ar“ ?“ — 5. Quals consonants vegnen savens dubelai en il presens, et en qualas persunas? — 6. Cura tunna il „g“ era secc en la conjugaziun? — 7. Tgei

finiziuns han ils verbs sin „ir“ en il presens et imperfect indicativ e conjunctiv en tuttas persunas? — 8. Tgei finiziuns han igl imperativ et ils dus particips tier ils verbs sin „ir“? — 9. Tgei differenza eis ei denter la conjugaziun dil verb sin „ar“ e quel sin „ir“? — 10. Tgei finiziuns vegnen avon en las diversas persunas en igl indicativ e conjunctiv presens et imperfect, en igl imperativ e tier ils dus particips dils verbs sin „er“ (lung e curt)? — 11. Tgei finiziuns vegnen avon en la moda condizionala directa et indirecta tier tut ils verbs? — 12. Tgei ha ins aunc extra d'observar sur la conjugaziun dils verbs sin „ir“? — 13. Tgei variaziun et extensiun vegn savens avon en il presens dils verbs de tuttas conjugaziuns? — 14. Tgei conjugaziun ha il verb reflexiv? — 15. Co scriva ins il pronom „se“ en igl infinitiv et en la conjugaziun? — 16. Tgei eis ei d'observar sur la conjugaziun dils verbs impersonals?

Sur igl VIII. paragraph.

1. Co sa ins midar ina construcziun cun forma activa en na tala cun forma passiva? — 2. Co sa ins midar ina construcziun cun forma passiva en ina cun forma activa? — 3. Quals verbs han ina forma passiva? — 4. Tgei temps e tgei modas ha la conjugaziun dil verb en la forma passiva? — 5. Tgei verbs auxiliars vegnen dovrai tier la conjugaziun dil verb en la forma passiva?

Sur il IX. paragraph.

1. Quals verbs nomna ins verbs irregolars? — 2. Nua semussa principalmein l'irregolaritatat dils verbs romonschs? — 3. Cura ha la seconda persuna dil singular la finiziun „es“ stagl „as“, e la terza persuna dil plural „en“ stagl „an“? — 4. Conts verbs irregolars ein vegnii avon en il 9avel paragraph? — 5. Tgei verbs irregolars enconoscheis vus aunc pli?

Sur il X. paragraph.

1. Quals temps vegnen avon en construcziuns, che stattan persullas? — 2. En quals temps stat il verb, cura ch'ei sto vegnir mess tier ina construcziun silmeinz aunc ina seconda con-

struczium, per dar all' emprima construcziun in complein et entelgiciinteivel senn? — 3. Cura vegn il presens dovraus? — 4. Quals auters temps sa il presens substituir, et en tgei cass? 5. Cura stat il presens en construcziuns dublas en connexiun cun il perfect? — 6. Cura stat il presens indicativ en connexiun cun il plusquamperfect? — 7. Cura stat il presens conjunctiv sper il plusquamperfect? — 8. Cun tgei temps stat il presens aunc en connexiun? — 9. Cura drova ins principalmein igl imperfect? — 10. Vegn igl imperfect era avon en construcziuns, che stattan persullas? — 11. Cun quals temps stat igl imperfect en connexiun? — 12. Cura vegn igl imperfect avon sper il perfect? — 13. Cura stat igl imperfect cun il plusquamperfect? — 14. Tgei vegn exprimiu entras il perfect? — 15. Cun quals temps stat il perfect en connexiun en construcziuns dublas? — 16. Cura vegn ei dovrau dus perfects in sper lauter? — 17. Cura stat il perfect sper igl imperfect? — 18. Cura stat il perfect sper il plusquamperfect? — 19. Cura vegn il perfect avon cun ils dus futurs? — 20. En tgei construcziuns vegn il plusquamperfect mo avon? — 21. Cura stat il plusquamperfect sper il presens indicativ, e cura sper il presens conjunctiv? — 22. Cura stat il plusquamperfect sper igl imperfect, e cura sper il perfect? — 23. Tier tgei construcziuns drova ins il futur? — 24. Cun quals temps stat il futur aunc en connexiun, e cura? — 25. Cura vegn il futur passau dovraus? — 26. Sper quals auters temps stat il futur passau en construcziuns dublas, e cura? — 27. Tgei verb auxiliar han ils verbs transitivs e qual ils verbs intransitivs u neuters? — 28. Cura sa il verb auxiliar „esser" vegnir dovraus tier verbs transitivs e tgei senn survegnen quels tras lez? — 29. Quals auters verbs vegnen aunc pli riguardai e tenii per verbs auxiliars? — 30. En tgei forma compara il verb cun ils verbs auxiliars „saver, voler" etc. e sco tgei part constructiva vegn il verb riguardaus cun quels? — 31. Tgei temps vegnen en la requintaziun fortificai u extendii tras il particip passau dil verb auxiliar, e cura daventa quei? — 32. Sin tgei moda sa ins evitar en la requintaziun a fortificaziun dils temps tras il particip passau dil verb auxiliar? — 33. En tgei construcziuns sa ins mo dovrar il particip present ne igl infinitiv dil verb auxiliar?

Sur igl XI. paragraph.

1. Contas modas de sexprimer havein nus distinguiu en la conjugaziun? — 2. Tgei sentenzias exprima la persuna plidonta en la moda indicativa? — 3. Cura vegn ina sentenzia exprimida en il conjunctiv? — 4. Tgei differenza eis ei denter igl indicativ e conjunctiv? — 5. Tgei contegnen las construcziuns, che vegnen exprimidas en la moda condizionala? — 6. Tgei contegn la construcziun, che suonda sin ina sonstrucziun en il condizional, et en tgei moda vegn quella sezza exprimida? — 7. Tgei vegn ei exprimiu entras igl imperativ?

8. En tgei moda exprima la persuna plidonta ina sentenzia, cura ch'ella crei, che quella sei vera? — 9. Tgei sa ins era exprimer cun igl indicativ en construcziuns dublas? — 10. Da quala moda seservescha ins tier l'expressiun dina sentenzia, la quala ins tegn per incerta? — 11. Sin tgei sepusa la sentenzia exprimida tras il conjunctiv, v. d. sin tgei sereferescha u sereclomma ella? — 12. En quals temps stat il conjunctiv sper igl indicativ et en quals sper in auter conjunctiv? — 13. Tgei ei la moda condicionala ensesez? — 14. Pertgei ei il condizional era in conjunctiv? — 15. Tgei differenza eis ei denter la moda condizionala directa et indirecta? — 16. Contegn il condizional adina ina condiziun, ne sa ei tras quel er' aunc vegnir exprimiu enzatgei auter, e tgei? — 17. Cura daventa quei, che vegn exprimiu tras ina construcziun en la moda condizionala? — 18. Tgei construcziuns san vegnir exprimidas en igl indicativ, conjunctiv e condizional direct et indirect? — 19. Tgei differenza eis ei denter igl indicativ et il condizional direct? — 20. Tgei differenza eis ei denter il conjunctiv et il condizional indirect? — 21. Co vegn il temps passau dil condizional fortificaus, e cura? — 22. Cura drova ins la moda imperativa? — 23. Co vegn in commond per ina terza persuna absenta exprimius? — 24. Tgei sa igl imperativ aunc contener pli ch'in commond, cura ch'el vegn avon en construcziuns dublas? — 25. Sin contas modas vegn igl infinitiv dil verb dovraus en la construcziun? — 26. Cura vegn igl infinitiv savens dovraus fauls? — 27. Co nomna ins la forma dils particips? — 28. Co e nua vegn il particip present dovraus? — 29. Cura nomna ins il particip present gerundi? — 30. Tgei differenza eis ei denter il particip present

et il gerundi? — 31. Vegnen il particip present et il gerundi scrits sin diversa maniera, ne tuttina? — 32. Tgei eis ei d'observar tier il particip passau? — 33. Tier quals verbs auxiliars ha ins de riguardar il numer et il genus en il particip passau e tgei finiziuns survegnen omisdus genus en il singular e plural?

Register.

I. Curs. Las specias de plaids.

I. Secziun.

II. Secziun.

II. Curs. Las flexiuns.

I. Secziun.

Lightning Source UK Ltd.
Milton Keynes UK
UKOW01n2300311017
311951UK00003B/270/P

9 781113 067609